延亮六十年微光

市民的大會堂

呂大樂 主編

黃夏柏 記錄

香港大會堂：
與市民一起走過的路

1869　舊香港大會堂（亦稱第一代香港大會堂）落成，是一座樓高兩層的歐洲傳統柱廊及拱門式建築物，位於香港滙豐總行大廈現址旁。

1956　建築師羅納德菲利普（Ron Phillips）和費艾倫（Alan Fitch）開始為大會堂設計。

1962　香港大會堂（City Hall）在中環愛丁堡廣場 5 號落成開幕，時任總督柏立基爵士（Robert Black）主持開幕典禮。大會堂建築群由兩幢建築物（高座和低座）和一個紀念花園組成，以現代主義建築風格取代舊大會堂的華麗文藝復興建築，自此成為香港第一代大型的文化中心。

1973　第一屆香港藝術節在大會堂開幕。

1976　第一屆亞洲藝術節在大會堂開幕。

1977	第一屆香港國際電影節在大會堂開幕。
1982	第一屆國際綜藝合家歡在大會堂舉辦。
1993	大會堂經歷全面翻新及擴建工程。同時,重新設計大會堂紀念花園的佈局,引用中軸線概念以彰顯紀念龕的重要角色,並以動態區和靜態區劃分空間。
2009	古物諮詢委員會通過將香港大會堂列為一級歷史建築。
2010	大會堂低座的美心皇宮及展覽廳進行翻新工程。
2022	古物事務監督根據《古物及古蹟條例》,將香港大會堂列入法定古蹟名冊,為香港首幢戰後落成的法定古蹟建築,也是同類評級中最年輕的一員。

認識大會堂建築群

低座 樓高 3 層及地下低層，佈局呈 L 形，正門入口面向愛丁堡廣場。這裏採用簡樸設計，強調「無拘無束、空間寬敞的感覺」。建築師把低座外的柱廊設計成地下室內空間的自然延伸，低座的室內設計力求統一和簡潔，盡量減少支柱出現。建築師亦成功把該處的海景融入設計，除了表演場地需要密封外，市民使用其他設施時，均可享有美麗的海港景觀。

高座 樓高 12 層，以鋼筋混凝土建造，佈局呈長方形，一個入口面向干諾道中，另一入口面向紀念花園。這裏採用了組件式的建築表現，靠近北立面的樓梯面向維多利亞港，亦是欣賞海港景色的理想地點。

紀念花園 中央有一座 12 邊形紀念龕，紀念在第二次世界大戰中為保衞香港而犧牲的軍民。紀念龕直徑 20 呎，以混凝土及鋼筋建成，外牆以四吋厚的花崗石飾面，設計平實，以展現莊嚴的感覺。紀念龕多邊形設計象徵着為港捐軀的烈士的不同種族背景。紀念花園兩個入口各安裝了一對銅門，鑲有香港義勇防衞軍的軍徽。至於紀念龕的內部，除了英文的短句外，牆上還鑲有八個中文字，表示對壯烈犧牲者永存的精神懷念。

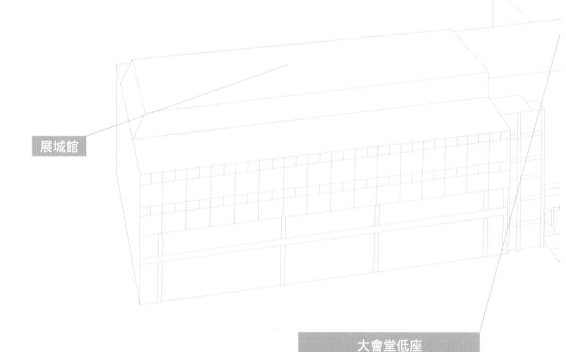

展城館

大會堂低座
（音樂廳、展覽廳、劇院…）

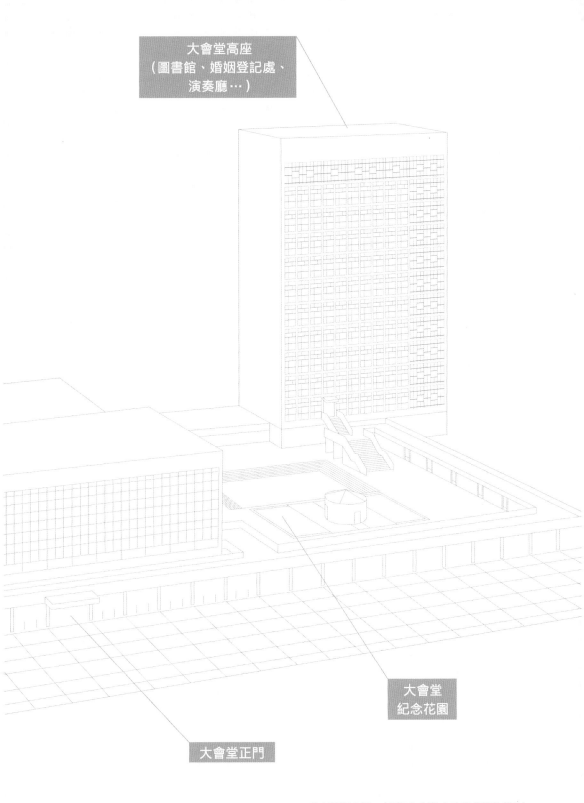

大會堂高座
（圖書館、婚姻登記處、
演奏廳⋯）

大會堂
紀念花園

大會堂正門

參考資料來源：〈香港大會堂 文物價值評估報告〉

目錄

前言
內斂的微光 / 呂大樂

豐盛但未滿

半杯水。

這聽起來好像不是甚麼讚美的說話,甚或容易令人覺得有點敷衍的感覺:雖未至於一事無成,但也不是打出大滿貫。半杯水,一半一半而已。

不過,換轉從另一個角度來看 —— 而這也就是半杯水的意思吧 —— 從無到有,由開始建設到內容日益豐富,這是相當好的成績,一點兒也不簡單的成就。而同樣甚至是更為重要的是,它還有空間進步、發展,朝向另一個階段進發。

後面那一點其實很重要。今天在大會堂落成啟用的六十周年,我們很容易會只集中於回憶以往,而忽略了它的未來。但大會堂列為法定古蹟,不應代表一個終結,而應該是新的開始。當西九龍文化區區內各種項目陸續落成,也不表示大會堂已經完成任務。事實上,香港的整個文化空間佈局正在

轉變，這不單大會堂仍有它的角色，它的持續蛻變將會令它在重構文化發展的過程中佔有一個重要的位置。

之所以是半杯水，因為還有後續。

全市之社交及文化活動中心

我們早已聽過的故事，是第一座大會堂於 1869 年正式揭幕啟用。它的正座於 1933 年拆卸，該位置日後成為了香港上海滙豐銀行總部大樓所在地。餘下來的一翼，在 1947 年亦告拆除。三年之後，成立興建新大會堂的專責委員會，而再過三年，第一份設計圖則才公開發佈。[1] 在過程之中，正是香港經歷過戰爭之後，重新建設的日子，既是物資短缺、條件艱難的時候，也是百廢待舉、急於回應種種社會需要的階段。再加上存在一些不明朗的因素，如當時政府所提出的「楊慕琦計劃」（因涉及政治結構的改變，對市政局的位置與角色都可能會有變化，技術上未來大會堂是否包含它的會議室，也是可供討論的事情）於 1952 年放棄進一步討論，多少對如何完成整個設計會有影響。[2] 同時，大量移民來到香港，[3] 對房屋、就業、醫療、公眾衛生、教育等不同方面都造成衝擊，各種公共工程必須盡快展開，而興建大會堂的計劃就只好以緩慢的步伐排上由政府編製的工程。

大會堂於 1959 年 6 月動工，在 1960 年 2 月由港督柏立基主持奠基儀式，在 1962 年 3 月 2 日正

式開幕啟用。

關於大會堂的定位，柏立基對此有相當清晰的說明：

> 就「大會堂」（市區會堂）一詞的原義而言，本港之大會堂乃較為獨特者。蓋世界各地「大會堂」之名乃指市政機關與當地政府議事廳之組合建築物。惟在本港而言，「大會堂」一詞自1861年以來即意謂全市之社交及文化活動中心。因此在今日開幕之大會堂，其歡迎市民蒞臨之故，非因市民乃繳納稅餉者，而係因市民乃此城市之藝術及社交生活之分享者。是以踏入大會堂非若進官府訪仕宦，乃為分享建築物內之一切美好設施。[4]

當然，這是官方發言，難免

有修飾的成分。當大會堂於1962年落成正式啟用的時候，似乎仍很難說它很快便會成為一般市民心目之中的「全市之社交及文化活動中心」。後來大會堂的管理及工作人員努力推動文化活動，確實帶來很多突破，不過那是後話。在大會堂剛落成前後的日子裏，柏立基的演詞中隱約透露的社會分隔（如「繳納稅餉者」與一般市民的分別），依然存在。建築物落成並開始對外開放，並不就等於普通市民立即覺得那是可供享用的文化設施。

不過，無可否認，大會堂的落成確實帶來了重大的突破，單從提供表演場地、展覽空間、文化研討交流的地方等，那已經跟上世紀五十年代的狀況截然不同。有關當局在1949年的《年

報》曾指出香港的「文化的問題」[5]——直接的說，是當時沒有音樂廳、博物館、公眾圖書館和適合戲劇演出的場地。不過，這個「文化的問題」更多是指缺乏文化場地、設施的情況，而不是在民間、文化藝術圈子沒有活動。事實上，剛好相反，戰爭結束後大量人口流入香港。南來的文化人有作家，也有藝術家，大有「『南北薈萃』的情況」。[6] 一時之間，頗有氣氛：「這一年（1949 年）香港可以叫做藝術年了⋯⋯從展覽會來看，⋯⋯連在國內也不容易見到的篆刻書法展覽會，居然也在香港出現了，⋯⋯因着生活的需要，許多藝術家都從各地跑來香港居住，或過境性質，⋯⋯時至今日，居留香港的藝術家可以知道的人數，也有一百之多。」[7]

上面所引述的報道，提及展覽場地如友邦行七樓天台花園、勝斯酒店、思豪酒店、聖約翰禮拜堂、書畫匯、宇宙俱樂部，其中不少地方都因為商業考慮而變更用途。[8] 至於一些表演藝術，則借用香港大學陸佑堂、中學的禮堂，又或者戲院舉辦演出。[9] 當時香港文化場地之短缺，可想而知。

大會堂的落成確實是香港文化基礎建設的里程碑。大致上，整個大會堂可分為五個部分：一是以低座為核心，提供文化藝術表演及展覽的場地（音樂廳、劇院、展覽廳）；二是於高座佔兩層空間的博物美術館；三是多層的圖書館；四是位於高座的會議室、演奏廳（前身是演講室，也可供舉行會議之用）及展覽空間；四是婚姻註冊處；五是紀念花園

和周邊的公眾空間（包括餐廳、酒吧）。若以今天的標準和期望來看，那當然是普通得不能再普通，甚至是未達要求的文化基礎建設。不過，放在戰後初期的香港社會環境裏，單以它作為文化硬件，便啟動了由無到有的進程。

因為是由無到有，所以大會堂是一處集中地，客觀上它擁有成為「全市之社交及文化活動中心」的所有條件。

走向市民

但「全市之社交及文化活動中心」並不就等於全民的社交及文化活動中心。市民的參與才是關鍵所在。

在大會堂落成之前，如前文提到，香港社會上有各式各樣的文化藝術活動。各種不同領域的文化圈子成立團體，以促進交流，推廣相關的活動。而英國文化協會在 1955 年舉辦第一屆香港藝術節（The Hong Kong Festival of the Arts），之後繼續每年舉行，亦是相對大型的活動。[10]

基於大會堂多功能的特點，它是能夠將人引進來的。位於高座的公共圖書館乃當時香港社會首間面向公眾、服務大眾市民的圖書館。在此之前，有大學、專上院校的圖書館，也有由文化機構（如英國文化協會）、社會服務團體（如小童群益會）所成立的閱讀室，有提供借書服務，另外亦有民間推動但頗為專門化的藏書、圖書館（如學海書樓），但還

是未有公共圖書館的服務。大會堂圖書館的成立是重大突破，而也因為這樣，大量喜愛閱讀的學生、市民，均會嚮往到訪高座，享受讀書之樂。

同在高座的婚姻註冊處，乃當時註冊總署底下之部門。要註冊結婚，可到分處辦理，不過可以想像對不少新婚夫婦來說，能在大會堂註冊，禮成之後在紀念公園拍照留念，很快便形成一種潮流。參加婚禮的人士未必人人對大會堂的文化活動感興趣，可是曾到此一遊，能夠將大會堂與一般市民拉近距離。

我們可以想像，很多人第一次踏足大會堂，不一定就是出席文化活動，而是參加婚禮，或者到圖書館辦借書證。在他們眼中，大會堂是文化象徵，這是毋

庸置疑的，可是他們的反應可能是：有的敬而遠之，也有的充滿好奇，但由於缺乏認識，不知如何接觸。所以，這一項在六十年代初落成的文化建設，必須培養它的觀眾、聽眾、藝術觀賞群，不是等待大眾走進來，而是更主動地接觸群眾。

大會堂落成初期，經費有限，很多節目實由私人公司或民間社團所組織及辦理。「當年這些私人機構或民間組織舉辦的演藝節目，由於『成本』關係，在贊助補貼不足的情況下，難作相當程度的普及，對象亦多為一般中上階層人士。」[11] 雖然主辦單位也會考慮發售學生票的安排，但總的來說，在推廣普及方面，作用有限。

在這個意義上，由六十年代中期開始主辦的「一元節目」，對推廣普及，培養受眾，有十分積極的作用：「最初主辦的是由香港的音樂家擔任的午間音樂會，票價僅為五角，其後加辦星期日午間音樂會，票價亦只收一元，香港管弦樂團的演出票價亦只是一元、二元和三元；當時的一元大概是計程車起錶的價錢。除音樂會外，亦有話劇和舞蹈的節目。」[12] 首場「一元戲劇」由外來的劇團演出，而本地劇團參加演出的，則到了 1969 年的時候出現。表面上，這似乎只是很簡單的推廣方式，純屬行政手段。但現在事後我們會明白，這個走向市民的想法，可謂影響深遠。那樣的接觸文化藝術的機會，對不少年輕人而言是一次啟蒙。這不單是一個普及化的過程，而是在培養受眾

的同時，其實也是為香港社會準備未來的文化人、藝術家。在大會堂的大故事中，一些寶貴、要好好珍惜的小故事，正是某年某月一位青年學生在觀賞節目中受到啟發，若干年後他踏上大會堂的舞台上演出，又或者他的作品於展覽廳展出。這是一個循環，令文化活動不限於只是節目，而是香港社會的文化土壤。

大會堂的管理團隊把當時的機會、資源所能產生的作用發揮出來。[13] 有他們的帶領和推動，前面所提及的場地、空間、資源，才會轉化為市民所能夠接觸的文化藝術。

大會堂管理團隊所促成的轉變，或者未至於翻天覆地，但香

港社會的文化氛圍到了七十年代有着顯著的改變，這絕對是一項成就。大會堂先後在 1975 年及 1978 年進行觀眾調查。[14] 兩次調查均顯示其觀眾群超過八成屬年輕人（年齡在 29 歲或以下），四成左右有大專教育的學歷，三分一是學生，而過半數住在九龍及新界。大會堂能夠建立這樣的受眾群，背景是香港社會經濟在六七十年代發展迅速，教育普及，[15] 一般家庭的經濟條件顯著改善。[16] 不過，單有客觀條件不足以帶來轉變；通過各種文化藝術節目、活動，大會堂建立了它的核心地位，同時也改變了香港的文化環境。

整個城市的文化建設

七十年代是大會堂發展的關鍵時期，而改變的源頭來自市政局改制。[17]

這個改革的背景是總督戴麟趾於 1966 年年初重新打開由地區行使適當的權力的討論，而這引發了一場辯論。[18] 最後政府基本上否定了過去五年有關權力下放的討論，到了 1973 年市政局的組成取消官守議席，而委任和民選非官守議員各佔 12 席。有見於政府在房屋方面的工作不斷增加、擴充，免去市政局在徙置、房屋的功能，而它的財政狀態卻有所改變。[19] 在此我們的興趣並不是那次改革的來龍去脈，而是對大會堂的影響。很直接的說，經此改革市政局「成為了一個財政及行政

自主的法定機構」。[20] 具體而言：

市政局的收入來源是差餉，而非每年向政府尋求撥款。差餉的數量龐大，足夠應付市政局的財務開支，並會不斷增長，而且在必要時市政局更可要求增加差餉，以應付預算的開支⋯⋯除了差餉收益之外，政府於 1973 年 4 月 1 日之後一次過撥款 2,000 萬元予市政局，作為它的資本及經常性開支。[21]

財政上的自主不單給予市政局推動康樂、文化藝術在經費上的支持，而更重要的是它享有更大的主導權來推展相關的工作。當政府在 1958 至 1959 年間將管

理大會堂的工作交給市政局的時候，它的職權範圍主要還在於公眾衞生、康樂，而文化服務只佔一個次要的地位。[22] 1973 年的改動並非沒有爭議，免去管理徙置、房屋的功能一定令一些議員感到不滿。但授予管理及推動文化服務的角色，效果是令市政局與市民、社會的關係變得更加緊密。當時未必很多人都察覺到這一點，但回頭看來，「正是難得的歷史時機」。[23]

我們在上一節談到大會堂在推廣文化藝術活動、培養觀眾聽眾的工作，也必須放到 1973 年市政局改組的背景之上。在得到經費及其他資源的支持後，大會堂的發展不只限於豐富節目的安排，而且還開始凸顯主題，以文化節的形式串連多項活動，將香港文化藝術的面貌有所提升。而大會堂就扮演着一個文化基地的角色，推動香港藝術節（始於 1973 年，早於市政局改組）、亞洲藝術節（1976 年）、國際電影節（1977 年）等等，而這些只屬部分例子，其他大型節目往後不斷推出。[24]

可以這樣說，1973 年這個轉折點，為大會堂成為香港的文化藝術基地提供了重要的制度性和物質上的條件。它的成功也進一步推動了香港的文化基建的轉變。在市政局改組後的第一年，已開始討論大會堂的場地、空間出現飽和的現象。[25] 接下來香港興建了一批新的文化藝術場地。1977 年落成的藝術中心乃民間團體所推動，得政府協助而成事。而分散於各區的地區大會堂（例

如 1980 年荃灣大會堂、1982 年北區大會堂、1987 年沙田大會堂等）亦陸續建築完成，投入服務。至於上環（1988 年）、西灣河（1990 年）等地方亦設立文娛中心。還有早在 1974 年已將興建計劃提出，而到了 1989 年才落成，位於尖沙咀的香港文化中心。

興建新的文化藝術基建項目，似乎是因為文娛設施已納入整個城市的規劃的系統，按人口數量、比例而為當區市民提供設施。從這個角度來看，則香港在七八十年代的城市化 —— 尤其是發展新市鎮 —— 大大提高了興建各種設施的動力。[26]

同樣的情況見諸圖書館服務的發展。隨着香港的城市化，圖書館服務的空間佈局也隨之而轉變，走向地區、社區，更接近、方便市民，乃大勢所趨，而背後的其中一種考慮，是更合理的分配社會文化資源。

在投入更多資源進行文娛、康樂、文化基建的過程中，涵蓋的範圍擴張了，原來的框架便顯得細小、侷促。當文化藝術基建進入擴張的階段，博物館、美術館繼續綁在一起，不各自拓展更寬闊的發展空間，才是怪事。而後來九七過渡以至成立香港特別行政區的過程中，市民和政府對待歷史、文化的態度有所轉變，如何保存、珍視、認識與教育香港的歷史文化登上社會議論的議程。推動博物館、藝術館的大環境，起了明顯的變化。

往後很多環境、制度的變化，恐怕限於本文的篇幅，難以逐一交代。再者，我們的討論焦

點在於大會堂本身，而非香港整體文化藝術及相關政策之演變，所以雖然種種轉變必定對大會堂造成影響，不會全無關係，但回到我們的討論主題，而跳過這些細節，亦未嘗不可。

由大會堂歸市政局管理，到政府於八十年代中成立區域市政局，而在第一屆特區政府底下解散兩個市政局，整個文娛、康樂、文化、藝術的管理系統有所改變。九十年代中期成立藝術發展局，1999 年設立康樂及文化事務署，翌年成立文化委員會，……。在過去三四十年裏，在制度層面、管理架構方面不乏改動、重組的嘗試，甚至以前很少直接使用文化一詞，亦早已作出改變。不過，這麼多年來，一些長期存在的缺點，仍是未有徹底處理。例如：文娛、康樂依舊是主軸，以這種視野來管理及推動文化藝術服務：

> 市政局從 1962 年開始接手康樂事務到 1973 年開始行政與財政自主，然後是 1980 年代康樂的硬件和軟件的快速發展，收入和開支隨着演出場館的增加、活動的頻繁，收入、支出、人員編制直線上升。但這些發展並沒有改變負責官員的「康樂」思維和心態，興建大會堂是為了滿足市民的康樂需要，後來的演出場館和藝團的建立也是為了滿足市民的康樂需要，甚至到策劃西九龍文化區的 20 世紀末，仍然維持「康樂」的思維和心態。[27]

與此同時，相關的政策並不

是規限式的，按着一種中心價值、取向而將不同的服務、文化元素、設施整合起來，而是注重操作性，以一套行政準則來推行實務和回應社會需要，表現為具體的、零散的項目，而沒有明顯的重心。[28]

有人認為香港的文化政策沒有文化，也有人認為文化政策沒有政策。這是好還是壞？各有不同說法，但這樣的管理文化藝術的方式無阻香港在七十年代以來投入不少資源，興建了一定數量的文化藝術設施。大會堂的成功為香港在過去半個世紀的文化藝術發展打好了基礎；它的成功令更具規模的文化基建、更豐富和多樣化的文化活動變為可能。更

直接的說，大會堂的一項成就是它促成了其他文化設施、活動的出現。

正因為這樣，大會堂逐漸也就不再是唯一的文化藝術中心。

▌新的文化空間佈局

從某一個角度來看，大會堂的成就令它需要面對當初落成之時，可能從未認真想過的事情：競爭。隨着整個香港社會的文化藝術設施無論在量和質的方面都有所提升，的確大會堂不可能維持它在上世紀六七十甚至是八十年代那種差不多唯一一個中心的地位與角色。畢竟已經經過六十年，而社會文化亦有顯著的發展和進步，如果到了今日 2022 年而大會堂仍是表演場地、展覽廳、

公共圖書館等等之最，那恐怕是香港社會本身出了問題。所以，當我們嘗試想像大會堂的未來的時候，應該提問的問題不是它是否仍舊地位超然、超前於其他文化設施，而是它將以什麼姿態繼續參與香港的文化建設？

這帶我們回到這篇文章的起點，大家需要思考、想像、討論的是大會堂的將來、後續。今日 2022 年眼前所見，海旁經過填海、交通及道路改動、地皮定下臨時使用的用途，改變了原來的人流，令一般人跟大會堂有點疏遠。再加上很多文化活動正在其他場地舉行，這容易產生一種覺得它的地位已完全被取代的印象。它的任務已經完成？它已經走向衰落？給它法定古蹟的身分，作用只在於把大會堂關進時

間囊，將它保留在過去的輝煌歷史之中？

　　這是靜態的想像。若從一個動態的角度來看，則我們需要考慮：人流從此一去不返？未來大會堂周邊的空間使用就是目前大家所看見的臨時模樣？當然，將來「中環新海濱 3 號用地」會以怎樣的面貌出現，現在尚屬言之過早，不過肯定的是大會堂到時又會跟整個中區連繫起來。怎樣連繫起來？扮演什麼角色？那是對未來大會堂的規劃與定位的考驗。

　　更重要的是，大會堂的未來發展要放在一個大圖案內考慮。六七十年代那種一元的、核心的狀態是建基於文化資源與設施的匱乏之上，到了今天基本上已不再適用。而一個希望能夠建立文化內涵的全球城市，亦沒有必要將文化設施、資源、活動高度集中於一個或兩個地點之上。多中心的、分散的，甚至規模大小不一都不是問題。以香港的情況而論，以海岸兩邊一公里來畫線，把現時各地區的文化建設以線串連，可呈現出一個「維港文化圈」。[29] 這個圈有沒有意思，要看各個組成部分所能提供的內容。大會堂置身其中，要找到它的位置。

　　文化所講究的是內容，要有個性。場地的大小，輔助設施是否完善，當然會影響到它能處理哪些表演，哪些展覽，但單純是硬件不足以決定層次的高低。況且在了解大會堂的歷史與發展的過程之中，聽過不少人提到它為何仍有難以替代的地方。而必須

說明，這裏提及的意見，並非單純源自觀眾、聽眾或者參觀者一番懷舊，緬懷昔日美好時光，而是包括了文化人、演出者、藝術創作人，他們大多能夠具體地指出大會堂的獨特之處：可能是跟觀眾的距離，也可以是音響質素，總之，在他們口中，如果要找場地，它仍是一個很好的 —— 儘管不一定是最好的 —— 選擇。

這種獨特性不限於音樂、戲劇等演出，也關係到展覽等各種文化活動。同樣，展覽的核心在於策展，而不是完全受場地所支配。怎樣去凸顯大會堂的獨特性，必須先反思究竟六十年來它建立了一個怎樣的個性。而配合它作為法定古蹟，如何進一步將

這個個性在建築、空間、活動，以至環境氣氛等方面表現出來，更是一個重要的議題。

其他文化活動也如是。大會堂曾幾何時是辯論社會公眾議題的重要場地，也是探討內地電影、香港電影的發源地之一。當年選址的原因可能是覺得它地點方便、設備妥善，而且具備一種面向公眾的性格。但最重要的考慮，相信還主要是主辦單位認為它們在大會堂舉辦活動，能夠找到適合的對象。一個文化活動場地是否擁有中心的地位，決定性因素不在於大小、新舊，而是人——有沒有創新的、突破性的想法？有沒有吸引聽眾、參與者的文化內容？這才是核心所在。

坊間對大會堂的建築及其環境有很多論述，多數都是持肯定的看法。究竟當初有多少人一開始便擁抱它那線條簡單的現代主義設計，坦白說我不敢講。我敢肯定的是，經過多年累積，市民早已將他們的感受、感情都投射到大會堂之上。美好的回憶和發自內心的情感幫助大家選取了各自想懷念的一面，將自己認知的大會堂刻印在心中。大會堂是公眾的、親切的、平易近人的。

只有少數專注細節的市民才會意識得到，其實九十年代初的大型翻修工程，以很低調的手法將某些「不漂亮」裝置（例如抽風系統）收藏起來。大家更容易意識得到的，是經過翻修之後，紀念公園的空間開揚了。更重要的是，結婚禮成之後，現在可以直接由註冊處沿着新建的樓梯離開並且拍照留念。這樣的設計改

動大大改變了人流的方向，減少到場人士擠迫在狹窄的空間，同時也減少了種種圍繞着婚姻攝影的衝突。這些新設計所帶來的方便可能並不顯眼，但背後是一份細心。

我相信，這就是大會堂的個性。它是平實的，市民不覺得跟它有距離。這聽起來好像平平無奇，實際上很多文化藝術場地是難以做到的。面向未來，大會堂要思考的是如何在這個基礎之上，策劃它的有個性、有特色的文化藝術活動。繼續不停步走下去，豐富文化內涵，就是後續。

鳴謝：這是一項在極短時間內完成的寫作計劃，幸好我們團隊合作無間，順利完成任務。我這個主編是有點掛名成分，黎耀強、黃夏柏、葉秋弦三位其實不單分擔了很多工作，而且對整個編輯、製作過程，出心出力、出主意，貢獻良多。而我的寫作部分，特別感謝彭得豐、何小冰兩位的幫忙，他們在一些文獻資料上的提點，豐富了我對這個題目的認識。

1 或者我們也需要明白，興建新的大會堂涉及 1951 年中區的填海計劃，以及附近海濱空間的規劃，見 Roger Bristow, *Land-use Planning in Hong Kong* (Hong Kong: Oxford University Press, 1984), pp.231-233。

2 港督楊慕琦於 1946 年提出改革政制的構思，其中包括設立一個由 30 名議員所組成的市議會，同時也改革立法局。詳情可參考 Steve Tsang, *Democracy Shelved* (Hong Kong: Oxford University Press, 1988)。

3 香港人口由 1947 年中的 175 萬人，到 1950 年年中已增加至 223 萬多人。到了 1962 年，該年年中人口為 334 萬多人。見 Census and Statistics Department, *Hong Kong Statistics: 1947-1967* (Hong Kong: Government Printer, 1969), p.14。

4 出處是港督柏立基於大會堂開幕典禮上的演詞，引自周凡夫，《現代香港的起跑點：大會堂五十年的故事》（香港：香港大會堂，2012），頁 36。

5 Hong Kong Government, *Hong Kong Annual Report 1949* (Hong Kong: The Local Printing Press, Ltd., 1950), p.128. 另參考 Alex S.C. Wu, "The president's address," *International Symposium on East/West Exchange in Music and the Performing Arts, Report: March 1 – March 4, 1982, Hong Kong* (Hong Kong: the Hong Kong Arts Centre, 1982), pp. 52-53。

6 張惠儀，《香港書畫團體研究》（香港：香港中文大學藝術系，1999），頁 38。

7 香港華僑日報（編印），《香港年鑑》第二回（香港：華僑日報，1949），中卷：文化、藝術，頁 18-19。

8 同上，頁 19。王無邪回顧香港藝術發展時，提到「回顧 50 年代初，花園道的聖約翰教堂，幾乎是唯一的展覽場所」，見王無邪，〈香港藝術之建立〉（原文刊於 1972 年），《王無邪集》（廣州：花城出版社，2014），頁 167。

9 周凡夫，《現代香港的起跑點：大會堂五十年的故事》（香港：香港大會堂，2012），頁 52。

10 張惠儀，《香港書畫團體研究》，頁 42。據政府在 1958 年的《香港年報》所記載，該年的藝術節活動涵蓋戲劇、音樂、藝術和文學等。見 Hong Kong Government, *Hong Kong Annual Report 1958* (Hong Kong: The Government Press, 1959), p. 279.

11 周凡夫，《現代香港的起跑點：大會堂五十年的故事》，頁 82。

12 周凡夫，《現代香港的起跑點：大會堂五十年的故事》，頁 84。

13 周凡夫，《現代香港的起跑點：大會堂五十年的故事》，頁 110-117。

14 Urban Coucil Offices, "Memorandum for members of the Cultural Affairs Select Committee: City hall audience survey – 1978."

15 1961 年在 15-24 歲的年齡群中，有

10.2% 是未有受過教育或只有幼稚園程度，而中學或預科程度的就只有 39.7%。到了 1981 年，在同一個年齡群中，未有受過教育或只有幼稚園程度者，只有 1.6%，而擁有中學或預科程度的上升至 71.2%。見 Census and Statistics Department, *Hong Kong 1981 Census Main Report, Volume 1: Analysis* (Hong Kong: Government Printer, 1982), p.40。這些統計數字展示出香港教育在六七十年代的轉變。

16 呂大樂、王志錚，《香港中產階級處境觀察》（香港：三聯書店，2003），頁 17-48。

17 見周凡夫，《現代香港的起跑點：大會堂五十年的故事》，頁 96-103；劉靖之，《香港音樂史論：文化政策‧音樂教育》（香港：商務印書館，2014），頁 3；陳雲，《香港有文化 —— 香港的文化政策（上卷）》（香港：花千樹出版有限公司，2008），頁 83-89。

18 N.J. Miners, *The Government and Politics of Hong Kong* (Hong Kong: Oxford University Press, 1975), pp.169-171.

19 香港布政司署，《市政局將來之組織、工作及財政白皮書》（香港：政府印務局，1971）。

20 劉潤和，《香港市議會史（1883-1999）—— 從潔淨局到市政局及區域市政局》（香港：康樂及文化事務署，2002），頁 123。

21 劉潤和，《香港市議會史（1883-1999）—— 從潔淨局到市政局及區域市政局》，頁 124。

22 劉靖之，《香港音樂史論：文化政策‧音樂教育》，頁 20。

23 劉靖之，《香港音樂史論：文化政策‧音樂教育》，頁 19。

24 周凡夫，《現代香港的起跑點：大會堂五十年的故事》，頁 118-131。

25 周凡夫，《現代香港的起跑點：大會堂五十年的故事》，頁 102。

26 規劃有着它的一套邏輯，而標準是一個很重要的概念。標準本身可以修改，但一經訂下，便按指標分配資源，提供設施。姚凱琳在她的論文中認為六十年代興建大會堂和七十年代總督麥理浩所做的文化工作，有着「福利國家文化政策」的影子，而基於香港的特殊性，重視社會穩定的功能，而形成殖民管治所採用的做法。見 Melody Hoi-lam Yiu, "Cultural centers in Hong Kong: Welfare provision or economic instrument?" *Architecture and Culture*, Vol. 10, No. 1, 2022, pp. 58-75。這種福利國家文化政策的解釋，似乎高估了當時政府對待文化藝術的一致和完整性。

27 劉靖之，《香港音樂史論：文化政策‧音樂教育》，頁 14。

28 何志平、陳雲根，《文化政策與香港傳承：何志平五年的雪泥鴻爪（增訂本）》（香港：中華書局，2008），頁 99；陳雲，《香港有文化 —— 香港的文化政策（上卷）》，頁 43-45。

29 K.K. Ling, "Forging the Victoria Harbour cultural ring," *SPACE*, No. 477, 2007, pp.94-97.

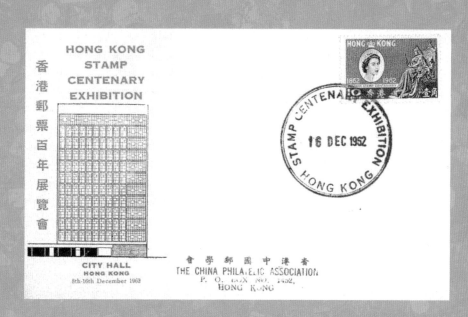

1962年12月8至16日，「香港郵票百年展覽
會」在同年初落成的香港大會堂隆重舉行，展覽
由香港郵政署、香港博物美術館合辦，中國郵
學會與香港集郵會（現香港郵學會）協辦，展出
英國王室收藏的香港珍貴郵票、本港及英國集
郵家的藏品等，9日展期共吸引逾2萬名市民參
觀，是香港當年一項大盛事。當年官方紀念封
每日限量發售，供不應求。兩大郵會負責人決
定製作非官方紀念封，以香港大會堂為圖，但
印備後大會亦決定趕印官方紀念封。這批郵會
紀念封最終蓋銷郵展臨時郵局的尾日戳，供會
員及郵友收藏。

（相片由中國郵學會提供）

當年仍在建造的大會堂。
（相片由高添強提供）

時光流轉
六十年

　　低調、內斂卻前衛的建築風格，香港大會堂建築群是戰後建築現代化的一則寓言。第一代香港大會堂建於 1869 年，呈華麗宏偉的巴洛克建築風格，二戰後在 1947 年完成拆卸，那是歐洲白人族群的俱樂部，內裏享有圖書館室、小劇場和博物館，與普通市民無緣也無關。第二代大會堂（即中環愛丁堡廣場 5 號）建於 1962 年，一改以往華麗風，建築物更重視線條美、簡約美及其實用價值，設有全港第一座公共圖書館、博物美術館、婚姻註冊處和音樂廳等，集多功能於一身，目的就在日常生活之中，為普通市民提供文化和娛樂，是香港邁向現代化的重要象徵。

　　六十年代以來，屹立於中環的香港大會堂徹底改變了香港文化發展的軌跡，它的國際性、藝術性及實用性展現在空間佈局及其承載的文化藝術，自此擔當起重要的推廣文化角色。2009 年，香港大會堂被列入一級歷史建築名冊；時光流轉六十年後，2022 年，香港大會堂被列為法定古蹟，是戰後首幢被列為法定古蹟的現代建築，這也是大會堂的新開始。

昔日的
大會堂剪影

1962 年，建築由古典走向現代。

線條簡單、對稱，

呈現摩登時代的一瞥優雅。

文化由貴族走向平民，
香港大會堂成為文化載體，
藝術推廣就是日常的深耕。

當年一覽無遺的海景就躺在大會堂眼前，

從高空俯瞰，大會堂高座現代建築在周圍一帶，十分鮮明奪目。

到過大會堂欣賞藝術表演的市民，

必然熟悉大會堂內部的景致，

演出結束後，

室內空間仍吸引不少市民流連駐足。

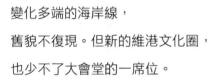

變化多端的海岸線，

舊貌不復現。但新的維港文化圈，

也少不了大會堂的一席位。

從前，香港大會堂的正門對着碼頭，交通十分便利，
從尖沙咀搭一程渡輪，即可來到大會堂欣賞藝術表
演、看看圖書、或到紀念花園拍照留念。

PIANO RECITAL by Jörg Demus

佐治·狄密斯鋼琴演奏會

19 November 1991 (Tue) 8pm
City Hall Concert Hall
一九九一年十一月十九日(星期二)
晚上八時正
香港大會堂音樂廳

市政局主辦
AN URBAN COUNCIL PRESENTATION

CITY HALL

Address: City Hall
Edinburgh Place
Central
Tel: 526 3556
Fax: 877 0353

大會堂

地址：中環愛丁堡廣場
香港大會堂
電話：526 3556
圖文傳真：877 0353

THE CITY HALL CONCERT HALL

The Concert Hall is designed primarily as a symphony concert hall and acoustically and in other respects is best suited for performances of music.

* 1450 seats in the auditorium
* capacity for 100 orchestral players on stage
* choir stall for 60 singers
* stage 8.5m deep x 12.2m wide
* extendable stage
* orchestra pit 3.2m x 18.3m
* excellent acoustics

For booking enquiries, please contact the City Hall Booking Office on telephone 526 1913.

大會堂音樂廳

大會堂音樂廳的音樂和其他設備，主要為演奏交響樂而設計，是舉行演奏會的理想場地。

* 觀眾席共有1450個座位
* 舞台可容納100名樂手
* 合唱席可容納60名合唱者
* 舞台面闊：8.5米深×12.2米闊
* 舞台面積可以擴充
* 樂隊池：3.2米×18.3米
* 音響效果出色

有關訂位事宜，請向大會堂租訂票事處查詢，電話：526 1913。

PROGRAMME

Winsome Chow
Senior Manager (Cultural Presentations)

Brenda Law
Manager (Cultural Presentations)

Fiona Siu
Assistant Manager (Cultural Presentations)

節目統籌

周蕙心
高級經理（文化節目）

羅麗娟
經理（文化節目）

蕭鳳心
助理經理（文化節目）

PUBLICITY

Dolly Ng
Senior Executive (Publicity & Public Relations)

Ivy Chan
Executive (Publicity & Public Relations)

宣傳及公關組

吳王桃麗
高級宣傳及公關主任

陳綺明
宣傳及公關主任

VENUE

Frank Drake, MBE, ED
Senior Manager (City Hall)

場地職員

杜理基MBE, ED
高級經理（香港大會堂）

12

那些年在大會堂
看過的演出：
場刊一覽

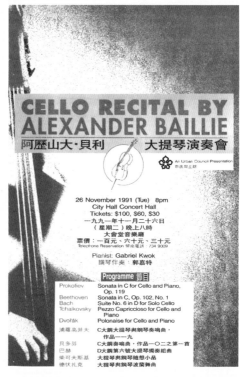

CELLO RECITAL BY ALEXANDER BAILLIE

阿歷山大·貝利 大提琴演奏會

An Urban Council Presentation
市政局主辦

26 November 1991 (Tue) 8pm
City Hall Concert Hall
Tickets: $100, $60, $30
一九九一年十一月二十六日
（星期二）晚上八時
大會堂音樂廳
票價：一百元、六十元、三十元
Telephone Reservation 預定電話 / 734 9009

Pianist: Gabriel Kwok
鋼琴伴奏：郭嘉特

Programme 節目

Prokofiev	Sonata in C for Cello and Piano, Op. 119
Beethoven	Sonata in C, Op. 102, No. 1
Bach	Suite No. 6 in D for Solo Cello
Tchaikovsky	Pezzo Capriccioso for Cello and Piano
Dvořák	Polonaise for Cello and Piano
浦高菲夫	C大調大提琴與鋼琴奏鳴曲，作品一一九
貝多芬	C大調奏鳴曲，作品一○二之第一首
巴赫	D大調第六號大提琴獨奏組曲
柴可夫斯基	大提琴與鋼琴隨想小品
德伏扎克	大提琴與鋼琴波蘭舞曲

Cat On a Hot Tin Roof

編劇：**田納西‧威廉姆斯**
導演及翻譯：**楊世彭**
佈景設計：**羅佩貞**
服裝設計：**黃志強**
燈光設計：**韋立賢**

Written by: **Tennessee Williams**
Directed & Translated by: **Daniel S. P. Yang**
Set Design: **Don Lo**
Costume Design: **Edmond Wong**
Lighting Design: **John A. Williams**

香港大會堂劇院
City Hall Theatre
4-7.3.95, 9-14.3.95 & 16-19.3.95　7:30pm
5.3.95, 11-12.3.95 & 18-19.3.95　2:30pm

香港話劇團
Hong Kong Repertory Theatre
藝術總監：楊世彭

市 政 局 主 辦
AN URBAN COUNCIL PRESENTATION

95 香港藝術節
市政局響應一九九五年香港藝術節節季演劇目
AN URBAN COUNCIL CONTRIBUTION TO 1995 HONG KONG ARTS FESTIVAL

Christopher Parkening
基斯杜化‧柏加寧結他演奏會
with Assisting Artist **David Brandon**　協奏：**大衛‧班頓**

60 歲壽辰
音樂會雅集
FOU TS'ONG'S 60th BIRTHDAY PIANO RECITAL

傅聰
鋼琴大師

16 Nov (Wed)
11月16日（星期三）

Nikolay Lugansky (piano)
尼哥拉‧盧甘斯基（鋼琴）

Jennifer Koh (violin)
珍妮花‧高（小提琴）

17 Nov (Thur)
11月17日（星期四）

Anastasia Tchebotareva (violin)
安娜絲塔斯亞‧徹保塔妮娃（小提琴）

Hibla Gerzmava (soprano)
希布拿‧格茨馬娃（女高音）

IX
1994 INTERNATIONAL
TCHAIKOVSKY
COMPETITION
WINNERS' CONCERT

市民的大會堂：延亮六十年微光

（北面）

士，聚在大會堂貴賓室，作回顧和展望。其中，有陳達文細談任職大會堂時期推動文化普及的過程，如何編織寶貴的文化搖籃，也有張秉權談談那些在大會堂燃亮劇場火苗的歲月；另邀得盧景文分享每年風雨不改在大會堂導演歌劇的經歷，以及羅卡細說當年第一映室放映對民間影會及電影迷的重要性，王無邪則娓娓道來大會堂之於本地藝術的推動意義。最後，呂大樂透過兩場對談，分別與馮永基、凌嘉勤探討大會堂的建設與未來。接下來，讓我們共同翻開大會堂的新一頁。

編織文化搖籃

陳達文專訪

　　陳達文推門走進香港大會堂低座貴賓室，恍若穿過「隨意門」，同一地點，六十年前後轉瞬互通：「這是我出任大會堂經理時的寫字樓，六十年後再次坐在以前的辦公地點，很開心！」

　　1961 年夏，他原執教於喇沙書院，毅然卸下教職，另闢新途。兒時居上海已受家人薰陶，學習彈鋼琴，鍾愛文化藝術，閱報後獲悉將於來年啟用的香港大會堂正在招聘職員，遂投函應聘，後獲取錄為副經理。這所新型的綜合文化場地，包含眾多設施，教他意外的是：「我們原本計劃自行營運餐廳，甫上任就要整理餐廳的餐具！究竟與文化何干？呀，後來想到，飲食也是文化。」當然，安排文化活動才是其主要職務，憑個人觸覺及努力，以姿彩紛呈的活動豐富這場地，為香港的文化歷程拉開遼闊無垠的維度。

一元座價　普及藝術

大會堂肩負領航本地文化藝術發展的使命，陳達文與首任經理歐必達（Renaldo Oblitas）作為掌舵人，率先思考文化政策。他們參考了聯合國教科文組織就文化的定義，決定以宏觀視野，走廣義的文化路向：「除高雅文化，亦包括通俗文化，舉凡現代的、普及的、流行的，都是文化的重要部分，一般人的生活方式統統都是文化。」他曾細察進出場地的觀眾：「男士穿起西裝、結領帶，女士則穿端裝的旗袍，全是中年人，沒有青年人。」當時門票價格約為十元，大概是今天的二百餘元，非普羅大眾能輕易負擔。

於是，大會堂早期便聚焦於把藝術普及化。港督柏立基爵士主持開幕典禮時的致辭仍深印腦海：「他希望香港市民能成為大會堂的夥伴（partners）！那時候沒有人用『partners』這個字，意指大會堂屬於香港市民的，不像昔日的大會堂，純屬西人的俱樂部。」當時布政司亦指出文化活動的開支應由公帑支持。陳達文指這理念符合歐洲多國的一貫做法，他亦認同：「香港沿襲英國的政策，通過公帑資助，讓觀眾有能力接觸、欣賞藝術。」

懷着美好願景——「讓每個人都有機會接觸藝術，感興趣的，可以進一步了解學習。」他先從高票價這癥結埋手，自行舉辦「普及音樂會」，參考當時戲院前座票價，推出低至一元的門票，逢周日舉行，吸引年輕人參與。他強調「一元」並非賤價，在當時也是有價值的：「希望已購票的觀眾依時出席，不要浪費了門票。」

1962 年 3 月 25 日下午，首場普及音樂會在劇院舉行，邀來失明人樂團演出，報章報道介紹「該樂團為東南亞唯一有高度演出水準者，票價僅分一元，二元，三元三種，任何市民均可以一包香煙之價，欣賞大會堂之劇院與

據《工商日報》1962 年 3 月 4 日報道，大會堂開張首日，已人潮湧湧，廣受市民歡迎。

市民的大會堂：延亮六十年微光

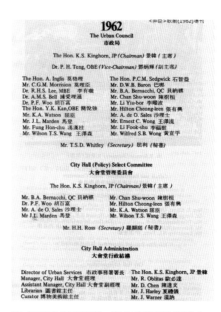

據《華僑日報》1962 年 3 月 25 日記載，當時香港大會堂的文娛節目豐富多元，刊登在報章版面，吸引市民參加。

據《弄臣》場刊記載，在大會堂行政架構中，陳達文出任大會堂副經理，他的直屬上司（即大會堂經理）為歐必達（R. Oblitas）。

美妙之音樂」。消息流播，引發迴響，同月 24 日《華僑日報》報道：「由於票價低廉，節目豐富，獲得廣大市民及學生熱烈歡迎。」首兩場在公演前數天已爆滿，故「第三場，在音樂廳演出，容納較多聽眾」。該場於晚間公演，既有費明儀獨唱，亦有王仁曼芭蕾舞學校成員演出，以及樂器演奏、大合唱等，還安排了任劍輝、白雪仙頒獎。該報另一則報道直言：「誠為大會堂首次真正平民化之演出。」

普及音樂會締造雙贏局面，既惠及觀眾，也讓本地藝術家有更多演出機會，提升水平。業餘藝團要舉行演出，資金、場地、宣傳⋯⋯每一項都是難關：「我和同事盡力推動，表演者只須做好

製作、演出，毋須憂慮票房，經費由我們負責，加以鼓勵——現場觀眾的掌聲給予他們最大的鼓勵。」普及表演藝術節目愈趨多元，並廣邀外國名家蒞港獻藝，觀眾有機會欣賞世界各地高水平的演出，大會堂在民間發揮的角色也愈趨明顯。

藝術氛圍　社區蔓延

陳達文後晉升經理，再於 1976 年出任文化署署長，能夠更全面地規劃整個城市的文化步伐。當時他有三個主要政策：

其一，提供設備專業的優良

多年來，世界各地的樂團均來到香港大會堂演出。

場地。香港大會堂的劇院、音樂廳，設計之佳，眾口交譽。開幕後首場音樂會，邀來倫敦愛樂樂團於 1962 年 3 月 4 日在音樂廳演奏。樂團經理曾向陳達文表示，希望各地的樂團都可以前來演出，享受音樂廳上佳的音響效果。1963 年 3 月，他獲安排赴英國及歐陸多國考察兩月餘。同年 5 月 7 日報章引述其考察所得：「在設計工作、種類、及其經常使用之頻率方面來說，香港大會堂並未比歐洲之最先進者為遜色。」他欣慰大會堂場地的專業優質設計至今仍獲業界推許。

基於兩個表演場地設計優越，為劇藝、音樂演出錦上添花，隨後於地區上興建的文化場地，包括荃灣、沙田及屯門大會堂的音樂廳，設計皆脫胎自大會堂，按同一圖則依樣重現，至於各區文娛中心的劇院，亦以大會堂劇院為藍本。

其次，培養藝術人才。通過恆常演出實踐、磨練，乃培養人才的不二法門，惟對大多數業餘藝團誠屬奢想，為此他推動成立本地的專業藝團，包括把香港管弦樂團職業化，又於 1979 年創立香港芭蕾舞團。時為七十年代後，內地政局漸趨平穩，不少藝術專才南下：「既有人才，又有場地，加上本地觀眾對中國文化感興趣，決定推動中國傳統文化。」

1977 年成立香港中樂團，銳意拓展樂曲創作：「中樂的曲譜有限，故特別委約中外名家為樂團作曲，並藉此把中樂推向世界。現時樂團擁有全球最豐富的創作中樂樂曲。」香港舞蹈團則成立於 1981 年，糅合中國眾多民族舞蹈，以舞劇形式呈現。至於 1977 年成立的香港話劇團，以粵語演出為主，早年劇作較缺，除排演五四時期的經典劇目，也推動翻譯劇，引進西方嶄新的劇場作品。

再者，提升觀眾的欣賞水平。今天，步進香港大會堂及各文化場地，演藝活動的海報琳瑯滿目：「現在每晚有那麼多觀眾到場欣賞，都是源於六十年來以普及方式推廣，吸引市民，尤其培養年輕人對藝術的興趣，他們長大後繼續支持。」陳達文道來一臉欣悅。打從在大會堂啟步推廣文化藝術，他已憧憬：「把藝術變成生活方式，成為年輕人的話題，讓他們有放鬆的空間。」

文化推廣能大踏步前進，涉及多種因素，尤其是資源調配。過去文化活動經費由布政司批核，藝文表演難免被視為「非緊急」，在爭取資源上障礙重重。1973 年，市政局作為唯一有民間人士參與的機構，獲賦予更闊的

1977 年成立香港中樂團後，香港大會堂也成為培育音樂人才的土壤。

粵劇也是大會堂劇院多年來不時上演的表演節目。

當年美心西餐廳盛極一時，許多顧客用餐過後，到樓下看表演。

《工商日報》1962年7月4日記載大會堂夜總會（即一樓西餐廳）的表演節目。

大會堂夜總會
換新表演節目

香港大會堂餐廳為適應市民晚上有正當娛樂，以增設夜總會，以娛嘉賓。故座無虛設，每晚由入時至凌晨二時，增設夜總會，並不收茶費，無論十一時加插歐洲絕技花式滑稽表演，抵價五元飲食，即可連消遣及觀賞歌舞音樂美妙、表演精彩，故夜總會之宗旨，務以娛樂市民上之消遣，故今夕消遣，消遣好去處，由今夕迎，令人大感觀止云。

職權，包括財政獨立：「政府把一定比例的差餉收入撥交市政局，資源增多了，有能力發展更完善的康樂及文化設施。」有一回，因應文化活動開支續增，他向市政局主席沙利士垂詢意見，豈料對方泰然回問：「怎麼預算只要求那麼少？我多給你 10% 作應急之用。」

大事軌跡　永恆刻印

由悲喜劇目、翩翩舞影到悠揚樂韻，音樂廳、劇院依然活力充沛，至於陳達文早年曾參與開發的圖書館和博物美術館，都已茁壯成長，花果豐盛。前文提及「飲食也是文化」，誠非戲言，而從功能的層面看，食肆也是大會堂的重要組成部分。他坦言：「英國 Royal Festival Hall 內的餐廳廣受歡迎，觀眾喜愛在觀賞節目前先用餐，為此我亦推動在大會堂內設立高質素的餐廳。」他續翻開一頁昇平往事：「餐廳晚上轉為夜總會，供人跳舞，方逸華亦曾是其中一位駐場歌手。」1962 年 7 月 4 日《工商日報》有如下介紹：「香港大會堂餐廳為適應市民晚上有正當娛樂，每晚由八時至凌晨二時，增設夜總會……務以

最低消費，獲最高享受，並不收茶資，僅化五元飲食，即可通宵消遣」，除有菲島樂隊駐場，更不時延聘外地歌舞員以至雜耍藝人表演。

六十年過去，香港大會堂繼續在原址堅守使命，散發文化亮光，不僅是藝文層面的文化，還有城市歷程的生活文化，雖然事過境遷，早已煙消雲散，但一幕幕經歷，仍活活的印在陳達文腦海：多任港督出席在大會堂音樂廳舉行的就職典禮；1963 年 10 月 17 日，港督柏立基爵士在大會堂主持香港中文大學成立典禮；1964 年 9 月 4 日，東京奧運會的聖火途經香港，港督戴麟趾爵士在大會堂音樂廳主持歡迎典禮，後在大會堂紀念花園燃起。湊巧

這天颱風露比吹襲，他笑言：「當時很擔心聖火被吹熄！」最終聖火被移進音樂廳，派專人看守。

喜慶以外，更有驚心動魄的時刻。1966 年 6 月 12 日，連場暴雨釀成嚴重水災，中區因渠道淤塞，頓成澤國，洪水更湧進大會堂，轉瞬淹至音樂廳，「我們把那台全港鮮有的大型三角鋼琴擱起，但水位仍持續上升，若滲進琴內，定必損毀零件，幸好積水剛升至琴腳便停下來。」歷經歲月洗滌，當天的驚悸化作今天的趣話。汲取經驗，安排後備鋼琴事在必行，為求質優，選擇在德國購買，但須安排專人在當地試琴，遂邀請曾在大會堂演出的鋼琴家傅聰在當地試琴，覓得佳選。翌年，社會陷入紛亂動蕩，

《工商日報》1963 年 10 月 17 日刊載了一則警務處佈告，載錄有關香港中文大學在香港大會堂成立典禮的交通措施安排。

香港暴雨成災，據《工商日報》1966 年 6 月 13 日記載，大會堂低座變成了魚塘，損失最慘重的是音樂廳。

但大會堂的文藝活動如期舉行，一場不失。當時屢起「詐彈」疑雲：「若演出期間有人大喊：『有炸彈呀！』觀眾必然爭相走避，必然造成意外。幸好沒有出過亂子。」

大會堂領航的文化生活，終究落地生根，深入民心，陪伴港人成長，當天遭嘲諷的「文化沙漠」，歷經灌溉墾耕，終化作綠洲。「大會堂的外牆是白色的，早期一些西人指香港人怎懂得欣賞藝術，大會堂只是『大白象』。結果，自開幕那天起，各項設施得到充分利用，獲得很多市民應用，對香港社會發展，大會堂是有貢獻的。」陳達文欣喜地説。

1979 年傅聰在香港大會堂演奏鋼琴。

「把藝術變成生活方式,成為年輕人的話題,
讓他們有放鬆的空間。」

———陳達文

観光地改光

燃亮劇場火苗

張秉權專訪

　　燈暗下，戲開演。香港大會堂劇院470
個座席上，一雙雙深情眼睛投向舞台，與演員
的悲喜情緒融會，交織一台往還無阻的好戲。
戲終人散，過後無痕，觀劇印象縱留心底，總
歸無形。劇壇前輩、戲劇教育工作者張秉權，
將歷年來的場刊珍而重之地保存，個人觀賞
的，自行執導的，無形化作有形，雖則紙頁隨
歲月發黃脆裂，但只消一翻開，往憶便形象地
重現。一疊輕薄的場刊，今天握上手仍沉沉的
滿有重量 —— 不僅記下藝術歷程，更見證他
與大會堂的戲緣情長。

戲劇新鮮人初登殿堂

「對我來說,香港大會堂最重要的地點,當然是劇院。」張秉權直截了當說。大會堂開幕那年,他仍讀中學,劇場的舞台尚且遙遠,豈料十年後,自己的作品竟躍然其上。1966 年入讀香港中文大學,1970 年畢業,四年來對文化藝術的興趣漸濃,後與中大新亞書院畢業生創辦致群劇社,並於 1972 年註冊成立。劇社首個大型演出即踏上大會堂劇院的舞台,公演改編自蕭伯納(George Bernard Shaw)1897 年的劇作《魔鬼門徒》(The Devil's Disciple)。

《魔》劇探討保守與激進思潮,由張秉權、許志強、陳月梅導演,1973 年 10 月 13 及 14 日在大會堂劇院演出三場,反應理想,回想起來他仍流露興奮:「大家很努力去搞這個戲,當時自覺了不起,須知道,大會堂是一個殿堂級的場地。」駐足僅幾天,卻彷彿生了根:「戲演畢後要拆卸佈景,我坐在觀眾席看着,知道要離開了,捨不得,心很痛,感覺實在強烈。」與劇院首次相遇,經驗愉快,非因場地豪華宏偉,反在於它僅四百餘座席的中型格局,恰到好處:「話劇演出,觀眾與演員的距離不適宜太遠,相較大劇院,小劇場內觀眾與演員的距離接近,大家可以很交心的討論,更為親切。」

致群乃業餘劇社,能晉身殿堂級場地,有着登頂的喜悅,反過來亦透視大會堂兼容並包,無論國際藝團或地方劇社,舞台一概開放。1982 年,劇團推出由張秉權、傅月美及白耀燦合導的《武士英魂》,於 12 月 24 至 26 日在

改編自蕭伯納(George Bernard Shaw)1897 年的劇作《魔鬼門徒》(The Devil's Disciple)。

場刊內載文章《魯迅與蕭伯納》。

大會堂劇院演出四場（此前 19 日由文化署新界事務科主辦，於荃灣大會堂演奏廳先演出一場），該歌舞劇改編自美國劇作家戴爾‧華沙文（Dale Wasserman）1965 年的音樂劇作品《武士英魂》（*Man of the La Mancha*）。公演前 11 月 26 日《華僑日報》報道指該劇乃「市政局自成立香港話劇團，五年來，首次主辦一間業餘劇社演出的粵語話劇」。該劇乃致群的里程碑製作，前後公演了十多場，包括 1984 年 12 月在廣州友誼劇院演出：「它的起點亦是在大會堂劇院。對我們而言，大會堂始終是殿堂，且位於中環，方便觀眾。」

回溯六十年代以前，演出場地有限，皇仁書院、伊利沙伯中學等學校禮堂是民間劇社的熱門選擇，還有香港大學陸佑堂，以至戲院。「這些場地全部及不上大會堂，它才是一個正規的表演場地，故落成後便大受歡迎。」大會堂的優點，廣及觀與演兩方面，舞台設施固然專業、完善，觀眾席的排列呈拾級而上格局：「一來，視線不會受阻，二來，觀看話劇，觀賞角度應較演員的位置稍高一點，俯視舞台，有理論指出這個角度可加強觀眾與演員的心靈溝通。」

戲場觀與演的培養土壤

大會堂坐落都會核心，位置突出，不難吸引文化愛好者注視。然而，由遙看變成近觀，以至欣賞，必須有個底。在香港的劇藝發展歷程，大會堂乃關鍵驛站，繼往開來，當中熱鬧而成果卓越的一幕，發生在 1974 年。

這年 7 月 17 日至 9 月 20

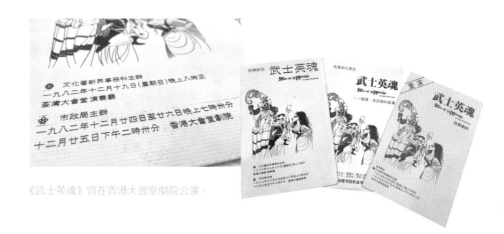

《武士英魂》曾在香港大會堂劇院公演。

大會堂劇院

日，「中國話劇的發展」系列講座於大會堂舉行，共 20 講，由文化及戲劇界前輩主講，包括鍾景輝、黃繼持、古兆申、李援華、黎覺奔、陳有后等，系統地介紹上世紀初以來中國戲劇的發展脈絡、著名劇作家評介、朗讀劇本及集體討論。這項大型戲劇推廣活動由市政局、羅富國教育學院校友會戲劇組及致群劇社合辦；作為致群成員，張秉權乃推手之一，回顧依然雀躍，情景歷歷在目：「主要在高座北演講室舉行，當中幾次屬於大講，移師展覽廳，達二百多人參加，很厲害，相當『大陣仗』！」

這次活動對本土戲劇發展起承先啟後的意義。翌年 3 月 26 日至 4 月 20 日，市政局主辦「曹禺戲劇節」，由本地 24 個劇社聯演。此前 2 月 5 日，黎覺奔在《華僑日報》「戲劇藝術」版撰文〈祝曹禺戲劇節〉，指出：「目前香港常有演出的戲劇團體雖有數十個之多，但團體與團體間的聯繫卻是不夠的……此次戲劇節，實際上是鼓動了各劇社作聯合性的大公演，那顯然對於劇人團結的意義上，起了很大作用。」繼之1977 年市政局成立香港話劇團，張秉權細釋箇中關聯：「雖是官辦的劇團，但事前須對觀眾、演員等做些基礎建設，之前的戲劇講座、曹禺戲劇節，就是為香港話劇團成立進行前期準備功夫。」

當時內地的文化大革命仍然持續，上述的中國戲劇講座、曹禺戲劇節被部分人視為具左派色彩，有所迴避：「當時大會堂的經理楊裕平能舉辦這些活動，是很難得的。」張秉權由衷地說。這片舞台由是閃現不同面向的藝術

張秉權的戲劇時代，大會堂是其戲劇歷程的重要見證。

大會堂曾舉辦中國戲劇講座。

亮光，此間他手握話劇《絞刑架下的中鋒》場刊就是一例。此劇由朱克導演，是由他與謝益之、李亨、姜中平等影人組織的香港話劇團製作，1966 年 7 月 23 日在普慶戲院演出，緊接於 8 月 1 至 3 日在大會堂音樂廳公演。張秉權為當年的座上看官，事隔多年，台上風光仍點滴上心：「猶有印象苗金鳳飾演芭蕾舞蹈員。這是一個帶強烈社會意識的戲，在六十年代備受注目。」及至 1979 年 6 月，市政局的香港話劇團邀請朱克再次導演此劇，易名《中鋒》，隔代再現，演出地點仍是大會堂劇院：「由此看到，左派文藝是官辦香港話劇團的一個源流。」相對於這源流，引入前衛劇場則是另一個層面的對話。

張秉權翻閱當年的場刊，席間回味昔日在大會堂的歲月。

同樣作為觀眾，1981 年 11 月觀賞香港話劇團在大會堂公演的《大路》，有着嶄新且獨特的經驗。「我們走在大路上……」他幽幽的哼唱劇中出現的革命歌曲，該劇的原意念是一次長征，思考中國的去向：「劇團特意邀請王守謙、榮念曾導演，一齣實驗劇，安排在展覽廳演出，形式獨特，很有趣！」進場後，發現觀與演沒有傳統的相對佈局，演員在觀眾間游走對話，其後逐漸分為八

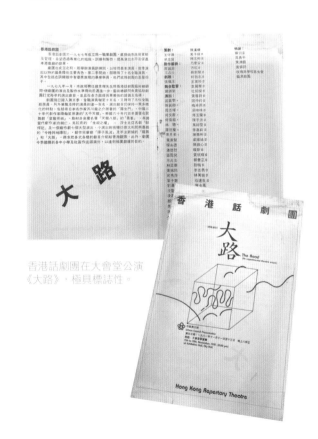

香港話劇團在大會堂公演《大路》，極具標誌性。

個演區，觀眾可自行選擇觀賞，演區繼而融合為四，再整合為一。「這種富實驗性的演出方式，在當時很新鮮，對我們年輕人衝擊很大，對演員也甚具挑戰。」該年 11 月香港浸會學院傳理系刊物《新報人》的相關報道，標題引用創作者的話「生活·劇場結合」，指出該劇「特別着重觀眾的感受……觀眾不會有固定的坐位，演員與觀眾之間亦沒有什麼距離，觀眾有體驗到身歷其境的感覺」。

同一舞台，多元驚艷

由舞台、座席到外圍空間所散落的記憶碎片，依然閃爍。從干諾道中沿大會堂停車場步進低座，半世紀前的人聲鼎沸彷彿在耳畔響起。1973 年迎來第一屆香港藝術節，價格相宜的學生票，於 2 月 26 日開幕當天上午在大會堂低座藝術節售票處開售。作為研究院學生，張秉權一大清早前來輪候，與眾多同路人繞圈「打蛇餅」，擠了一個早上才購得心頭好：「那經驗很深刻。這是重要的窗口，讓學生以負擔得到的價錢，接觸來自世界各地、不輕易一睹的藝術表演。在擴闊個人眼界的層面，大會堂是很重要的。」

劇院的舞台有時架上銀幕，開啟另一片世界之窗，把觀眾帶進另類光影空間。張秉權也酷愛電影，當時「第一映室」持續租用劇院放映藝術電影，他是座上客。大師經典、新浪潮佳構，教人目眩神馳，銀幕內外更烙下成長印記。在中大，他修讀徐訏老師的新文學課，堂上師生鮮少交流，但在劇院的放映活動屢次相遇：「我特意上前叫喚他：『徐老師！』能夠在另一個空間與老師見面招呼，很開心，整件事很美。」而銀幕上憾人的一幕，來自米路士科曼（Miloš Forman）導演的捷克片《金髮女郎之戀》（Loves of a Blond, 1965），生平首次目睹金髮女郎赤條條的亮相，扣動當年的青春心弦。1968 年科曼移居美國，後憑《飛越瘋人

致群劇社改編《飛越瘋人院》
為舞台劇，當年公演時的場刊。

院》（*One Flew Over the Cuckoo's Nest*, 1975）更上一層樓。該片改編自小說，致群劇社也於七八十年代之交改編為舞台劇公演，由他與方競生導演。

城市的面貌續變。七十年代末以還，嶄新的表演場館拔地而起，投下的陰影漸把大會堂往昔的亮光遮蓋了。張秉權承認大會堂的獨特性失卻了，但隨着香港演藝學院培育眾多戲劇人才，還有外國學成回來的生力軍，小型劇團增多，風格多元：「戲劇演出不再像過往那麼依附場地，劇團本身的風格更為關鍵，為表演場地催生各種可能，由藝術主導。」當然，大會堂對香港劇藝進程功不可沒，它於 1962 年啟用，1966

年 2 月第一屆專上學生戲劇節在此舉行，繼而有上述的戲劇推廣活動、香港話劇團成立，及至 1988 年香港演藝學院落成：「這是香港的文化發展軌跡，戲劇活動愈趨蓬勃，與社會環境、經濟發展、人口結構轉變有關，但大會堂的出現，必然有着助力。」

今天，香港大會堂繼續演好它位處城市核心的中型劇場角色，提供完善、專業的設施，亦是香港話劇團的常駐場地，每年安排多場演出。「早年的經驗相對深刻，但迄今我仍經常到來觀看演出。」張秉權說。簇新時期的銳利亮光收斂了，卻透現積澱的沉穩幽光。

「香港的文化發展軌跡，戲劇活動愈趨蓬勃，
與社會環境、經濟發展、人口結構轉變有關，
但大會堂的出現，必然有着助力。」

—— 張秉權

香港歌劇發軔

盧景文專訪

　　藝團「非凡美樂」在總監盧景文領導下，恆常製作歌劇作品，包括為香港大會堂六十周年誌慶推出喜歌劇《愛情靈藥》（*L' Elisir d' Amore*）。惜因疫情，原定 2022 年 1 月底公演的節目取消，不過，同年 9 月他再導演另一製作《唐璜》（*Don Giovanni*）。大會堂六十年的藝術歷程，他不僅完整見證，更參與其中：「我的藝術生涯與大會堂，幾乎可說從未中斷！」他欣然總結。

大會堂開幕的同月，他已在話劇演出負責幕後崗位，隨後製作歌劇，亦導演話劇等，1989 年香港文化中心啟用，往後數年他曾把主要的歌劇製作移師該處。2004 至 2007 年間，因工作關係，暫停在公營場地製作節目。隨着相關職務完結，他應康樂及文化事務處邀請重投製作，2008 年至今，每年在大會堂推出兩、三個歌劇作品。歲月如流，物換星移，但對這片場地，他摯誠吐露：「作為使用者、藝術工作者，我覺得大會堂與往昔沒有什麼不同，我很熟悉它能做到的效果，有着種種優點，其他場地未能取代。」

甫開幕即與音樂廳結緣

1962 年 3 月 25 至 27 日，香港大學馬斯克劇團（Masquers）在大會堂音樂廳公演英語話劇《仲夏夜之夢》（*A Midsummer Night's Dream*），也是大會堂首個話劇演出。盧景文負責是次演出的舞台設計，那時他仍在港大英文系攻讀。該團此前主要在港大陸佑堂演出，首次踏足新場地，即面對挑戰。音樂廳的舞台雖然很寬闊，但深度不足：「之前從未設計如此大型的舞台，更要把寬闊的舞台造出具深度的視覺效果。最終採用了假透視手法，譬如把後

《愛情靈藥》的宣傳海報。

《唐璜》於 2022 年 9 月在香港大會堂上演。

方景物刻意做得細小，形成深度錯覺；對我的設計訓練幫助很大。」

舞台乃演出的聚焦點，其淺窄弊端有目共睹，他無意袒護：「從美術角度而言，構成很大的限制。」但歷年對這片舞台卻不離不棄：「從事藝術工作，首個責任是克服實際難關。我的製作都採用自己的設計，會按場地的優缺點來設計、調動。」相較香港文化中心大劇院，他承認：「以我從事的西洋歌劇大製作，大會堂音樂廳並非完全適合的演出場地；不過，即使缺點明顯，我仍情願使用。」所謂瑕不掩瑜，歸納歷年經驗，他欣賞大會堂擁有眾多

2022 年在大會堂劇院公演的《唐璜》劇照。

獨到優點。

文化中心大劇院的舞台參考了英國皇家歌劇院，面積寬廣，既闊且深：「演出大型歌劇時，往往要動用大量資源，才做出像模像樣的製作，但大會堂音樂廳可用相對少的資源，便營造出令人滿意的效果。」音樂是歌劇的重要元素，音樂廳的音響質素向為人稱許：「它的聲響效果，至今依然是各場館中最好的，文化中心大劇院亦及不上。」即使換一個身份，仍有相同觀察：「純粹作為觀眾，在音樂廳能欣賞到較理想的演出，滿足度較文化中心大劇院高。」

從市場着眼，大會堂位處都會核心，周遭金融、商業機構雲集，如此「地利」，有助吸引潛在的歌劇觀眾：「任職大型商業機構的中高層人員，一般接受過相當程度的教育，正是我的目標觀眾群。」他們下班後前來觀賞節目，僅一步之遙，非常便捷。同時，大會堂附近設有兩個大型停車場，駕車的觀眾毋須承受兜轉繞行尋覓車位之苦。這兩個優勢都是文化中心所欠缺的。

現時，盧景文每年都在大會堂音樂廳推出大型歌劇，而中小型製作多選擇在劇院舉行：「像室內樂（Chamber music）歌劇便很

2017 年在大會堂公演的《波希米亞生涯》劇照。

2018 年在大會堂公演的《老柏思春》劇照。

2018 年在大會堂公演的《蝴蝶夫人》劇照。

2019 年在大會堂公演的《費加洛的婚禮》劇照。

2021 年在大會堂公演的《諾瑪》劇照。

適合在劇院演出，尤其劇院備有音樂池，容得下約 20 人的樂隊。」他指正統的歌劇演出，必須考慮樂團的安排，但其他場地的劇院大多不設音樂池，「所以大會堂的位置仍無法被取締。」綜合大會堂對劇藝演出的各項優點，他由衷道：「我很享受在大會堂舉辦演出。」

小型《阿伊達》的奇特貢獻

盧景文於 1962 年獲港大文學士銜，在學期間曾獲意大利政府頒發獎學金，赴羅馬大學修讀戲劇歷史及文學，更先後在羅馬歌劇團及佩魯賈的摩勒奇劇院實習，參與舞台製作。「從羅馬完成學業回港後，我醉心的藝術、參與的藝術製作，都比較講求欣賞水平，觀賞者要有一定的學識背景。」迄今他的觀眾對象無異於從前。回溯六十年代初，在香港這華人社會推動西洋歌劇，誠屬知難而進。作為首位在港製作歌劇的華人，逾半世紀鍥而不捨，與大會堂同步走過對等的歷程，成績驕人：「現時除了我，沒有一個機構可完全以本地藝術人才製作到一套歌劇，而本地製作的水準亦絕不遜於外國。」

1964 年 9 月 2 及 3 日，女高音歌唱家江樺在大會堂音樂廳舉行「意大利歌劇選演」，演出四個歌劇片段，就是由盧景文導演。1966 年 11 月 23 至 25 日，他首次導演歌劇，並任舞台美術設計，與江樺攜手在音樂廳演出《蝴蝶夫人》（Madama Butterfly）。同年 11 月 2 日《華僑日報》的報道指出過往香港僅有零星的歌劇演出，是次乃「本港多年來首次演出全套歌劇」，並溫馨提示讀者：「本港極少有歌劇上演，請早日購票。」歷年孜孜不倦拓墾本地歌劇演出，在大會堂音樂廳留下無盡餘韻，如《波希米亞生涯》（La Bohème）、《弄臣》（Rigoletto）、《英宮恨》（Maria Stuarda）及《浮士德》（Faust）等，但他無意沉迷舊作：「每年我都集中注意力在一個製作上，所以，每一個將會公演的製作，就是最重要的。」

芸芸作品中，1985 年 7 月 11 至 14 日公演的《阿伊達》（Aida），由他任製作策劃及設計，論藝術成就，算不上出類拔萃，但他笑言「是一個最奇特的貢獻！」當時，紐約大都會歌劇院的一群歌唱家，在夏季組成「歌劇大使」，前往世界各地表演。這年他們應邀來港，演出事宜交到

1997 年盧景文製作《阿伊達》的劇照。

盧景文的手中：「這群歌唱家能演唱到劇中的角色，所以我選擇這個戲，借此機會公演《阿伊達》。」可是，在資源、場地備受限制下演出這個以場面浩瀚著稱的歌劇，誠然藝高人膽大。他解釋：「劇情關於人性，很有親切感，當中只有長 15 分鐘的凱旋遊行，場面偉大得驚人，但世界各地往往為這 15 分鐘，把製作弄得極之龐大，很昂貴。」1991 年曾有外國藝團在香港大學體育中心露天演出此歌劇，便號稱花貴了五千萬製作。

盧景文八十年代的大會堂版《阿伊達》，屬拓荒之作，尤難能可貴。重睹當天的演出照片，一景一物仍留腦際。像埃及的宏偉場景，當時他巧妙地運用象徵手法處理：「開羅外圍 Giza Plateau 的三個金字塔，我搭起大型的三角架來代表，費用很相宜。」場面的氣勢他仍悉力以赴，邀請香港航空青年團共一百位年輕人擔任士兵角色：「特別徵用展覽廳作臨時化妝室，供他們裝身。之後他們沿音樂廳外圍的露天走廊，一直走到音樂廳後台，實在沒有地方容納他們。」他甚至讓已進後台的士兵更換另一套戲服，重返舞台，營造戰將川流不息的景象。

「謀求方法解決技術困難，較為複雜，對這次演出印象較深刻。」

當時報章已報道：「演出人數之眾多為香港上演唱劇以來，誠屬首次。」當中引述盧景文的話指出：「歌唱家九人，一百一十人飾埃及武裝戰士，九十人飾奴隸⋯⋯化妝師亦十四人」。如此龐大陣容，往返要動用十多部車輛，而製作成本逾七十萬元。同年 7 月 25 日《華僑日報》載周凡夫撰〈評歌劇「阿伊達」的演出〉，談及凱旋而歸場面，指出舞台上搭起三個中空的金字塔主體，均由四條方形柱組成，「上半部更加橫隔板連接舞台後面突出的合唱席，增加了演出面積，合唱席與舞台間以階梯相連接，此一『抽象化』的舞台設計，實已用盡了整個音樂廳的舞台」，簡化的處理無疑令場面氣勢打了折扣，但可讓演員在中空的金字塔內演出，故「人數最多時，士兵、戰俘連同各主角合計，多達 216 人，舞台上仍大有活動餘地。此一大場面的進場、退場設計，有條不紊，快速而準確，在後台狹窄的大會堂，實在不易，值得一讚」。

▓ 美好如昔　並未褪色

屹立原址六十載，外圍環境卻千迴百變，簇新場館相繼落成，明亮耀目，光彩儼然蓋過了香港大會堂。盧景文理性置評：「我不覺得它有所失色！也許我是使用者之一，直接得益，大會堂在推動藝術文化上，依然有重要的角色。」他語重心長地強調，藝團在這兒能有所發揮，持續進步，除本身的實力，更得力於市政局文化事務署的支持，尤其在七十年代中後期大力推動，還有大會堂行政人員歷年用心推廣。

在他眼中，香港大會堂依然立於文化領域前沿，早在金鐘政府總部及西九文化區尚未出現前，便曾提議由大會堂作起點，經金鐘延伸至灣仔港灣道，構成沿海而立的文化區。焦點在於把目前的「西九文化區」和位於原添馬艦海軍基地的政府總部，對調位置：「由大會堂作起點，另一邊有演藝學院、會議展覽中心及藝術中心，一系列都是已運作成熟的文化場地。」尤其這一帶交通方便，四通八達，推廣文化上較位於一隅的西九文化區優越。

這幅圖景終究只是構想，卻無損香港大會堂的地位。除表演藝術，博物美術館、展覽廳在推動視覺藝術上亦成果豐碩：「恕我冒犯，套用『renaissance』這個詞，大會堂在文化復興，或者文化發源上，是功不可沒的。」他的藝團「非凡美樂」目前每一年都在這兒公演歌劇，票房理想，建立了牢穩的觀眾群，台上台下同樣熱鬧。同時，他認為大會堂是培育演藝新秀的理想場地：「劇場的規模相對細小，是既實際，又能做到理想成績的場地。」瞻前遠眺，他看到一幅長青的畫面：「只要大會堂一天存在，在文化推廣上仍然扮演重要角色。」

2019 年《風流寡婦》的劇照。
（專訪內所有劇照均由非凡美樂提供）

「我的藝術生涯與大會堂，幾乎可說從未中斷！」

———盧景文

蛻變中逐光影

羅卡專訪

　　羅卡從事電影研究多年，年輕時已着迷觀影。民間影會「第一映室」成立後租用香港大會堂劇院放映藝術電影，1963 年底曾選映費里尼（Federico Fellini）的《露滴牡丹開》（*La Dolce Vita*, 1960）。該片於 1961 年 7 月 21 日在香港的娛樂、百老匯戲院公映，他前往欣賞，惜是刪剪版本，欣聞是次放映足本。時任《中國學生周報》編輯，他藉書信往還及邀稿，與丁善璽相熟，遂邀對方一同觀賞。當時丁氏尚未成名，由邵氏兄弟（香港）有限公司從台灣引進來港任編劇，他倆交往如筆友，素未謀面。羅約丁在劇院外碰面，並以手握一冊《露》片劇本作記認，等候期間巧遇林樂培，他竟也拿着《露》片劇本，幸及早發現，否則馮京作馬涼，定弄出錯摸笑話。

羅卡與香港大會堂的緣，到底由光影牽線，日積月累，細細的交織起來。退後一步看，所編織的圖像正反映本地文化氛圍的蛻變。

▍大影會：超八創作開先河

1957 年由澳門來港升讀崇基學院，至 1961 年畢業，其時香港大會堂尚未落成。源於成長背景，羅卡骨子裏抗拒港英殖民政府的政治、文化事務，課餘只愛流連書店探究中西方文化，亦會到坊間戲院看商業電影。大會堂由籌辦到開幕，直覺屬上層社會的消閒場所，關注有限，但承認：「大會堂成立後，自己對『電影欣賞』有了概念。」

香港首個電影欣賞組織香港電影協會亦稱第一映室（Studio One）於 1962 年 4 月成立，同月 16 日已安排在大會堂劇院舉行放映會，介紹歐洲的藝術電影。因鍾愛電影，這年中他加入成為會員。該會的推動者幾近全屬洋人，偏向西方文化趣味，儼如英國的電影聯誼會（Cine Club）。但有電影這話題，他與個別成員相當投契，也曾被邀列席它的理事會，開會全用英語，頗不習慣，

終未加入為理事。

1962 至 1967 年間，他在友聯出版社的《中國學生周報》任編輯，圍繞該報電影版的編作讀者有不少是愛看電影和寫作的青年，逐漸成了一股熱愛電影欣賞和評論電影的風氣，1966 至 1967 年，他們積極參與了友聯另一刊物《大學生活》的電影賞談活動、就在 1967 年初聯合創辦了大學生活電影會（簡稱「大影會」）：「覺得中國知識青年有本身的觀賞口味，關心中國文化，毋須只受惠於洋人的趣味，故自組團體，希望補充對方所缺乏的。」核心份子有林悅恆、黃維波、杜秉琪、陳任、羅卡、吳昊、梁濃剛等、有會內放映和公開放映，亦設座談會、出版會刊及推動拍攝短片。自言屬打游擊操作，卻有青春激情，即使資源短缺，仍竭力推動，每月更有一至兩次假大會堂劇院作公開放映。期間一群影友何藩、吳宇森、趙德克、石琪、林年同、陳坤揚、金炳興、吳承歡、羅卡等都熱衷於拍製超 8 毫米、16 毫米的短片，並在大影會舉辦了三次會員作品發表會／業餘電影展中放映。

這些短片個人色彩強烈，但也不乏關注社會議題：「經歷六七

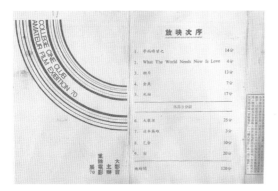

在採訪時，羅卡先生提供當年大影會戲票的影印本，可見八毫米短片選輯的盛況。

「業餘電影展七〇」節目，於 1970 年 9 月在大會堂劇院放映，當年參展作品評選員的名單有邱剛健、譚家明和吳昊等人。

當年大學生生活社主辦的公開電影欣賞《如此運動生涯》。

暴動後，年輕人感到苦悶，開始拍攝八毫米短片，形象化的表現自我，雖然技術很稚嫩，卻開風氣之先，帶領本地的潮流。」1969 年他轉職繆雨創辦的《知識分子》雜誌，編輯只他一個，雖有滿足感，卻異常忙碌。期間認識了 1966 年以絕食抗議天星小輪加價的蘇守忠，釋放後他到處流浪，之後修心養性，1970 年他答應為《知識分子》當特約記者。羅卡以他的形象攝製了短片《乞食》，但以含蓄的喻象來表達。後來入選參加「業餘電影展七〇」，於 1970 年 9 月在大會堂劇院放映。

公映前，節目內的各短片均須送檢，惟《乞食》卻遺漏了。大會堂知悉影片尚未送檢，查看下認為內容「敏感」，勒令取消放映。羅卡嘗試爭取：「門票都已售出，觀眾正等候入場，怎能喊停！」幾經交涉，最終改為以招待會員模式作私人放映，給觀眾退款。

1967：文化普及分水嶺

六七十年代有不少會社租用大會堂劇院作放映場地，他解釋：「六七十年代以來電影會活動

盛行，看相對冷門的電影成為潮流，大會堂累積了一批愛好者，營造了觀影氣氛，劇院約四百多座位，不會過多又不算太小，地下又有個大堂可作會見交談，最適合文藝電影愛好者。」回溯往昔辦影會活動的經過，他仍惦念箇中濃濃的人情味。1967 年後，公私營藝團益見活躍，紛紛租用大會堂場地，令使用率急升，檔期甚緊張：「當時大會堂的高級經理陳達文，有心從事文化事務，樂意多給年輕人機會舉辦有益社會的活動，事事有商量餘地，管理上較人性化，我們一直很尊敬他。其後加入管理職系的楊裕

羅卡保留了當年的《影訊》，在大會堂劇院公演的法國電影《廣島我愛》，改編自杜拉斯小說。

平、周勇平、高思雅、李元賢、廖昭薰等都熱愛文化工作，非純粹官僚，懂得平衡輕重取捨，是推動政府致力推廣電影文化活動的先行者。」1977 年港府試辦香港國際電影節，廣招民間電影文化活躍分子參與協力，林年同、陸離、陳柏生、余慕雲、石琪、羅卡、羅維明、劉成漢、舒琪、黃國兆、李焯桃、梁慕齡、黃愛玲、吳昊、莫杰祥、邁克等或參與節目策劃、資料整理、寫作、翻譯，或以顧問方式從旁協助，並長期持續下去。

由蔡繼光、戈武、徐克、方育平、羅卡、吳昊、林年同、磊懷、冼杞然等發起並參與推動的香港電影文化中心，於 1977 年籌組，翌年成立，既開設電影製作課程，亦舉辦專題放映活動。同年開幕的香港藝術中心，打開了放映場地的新局面，電影文化中心亦持續與其合作。譬如 1978 年 3 月及 5 月合辦「中國電影回顧展」，便在藝術中心放映。是次乃相關主題的創舉放映，較中外各地都走得前。源於中心成員銳意推廣中國電影文化，湊巧聯繫到一批經典影片拷貝如《斬經堂》（1937）、《假鳳虛凰》（1947）、《萬家燈火》（1948）等：「藝術中

由香港電影文化中心主辦的「中國電影回顧展七九」,資料由羅卡先生提供。

心的總經理 Helga Burger 明白這些影片別具意義,以相當優惠的條件和我們合作。有兩部屬易燃的硝酸片,寧可加派人員駐守預防火警,亦容許放映。」羅卡很感動於負責人的體諒和熱忱,迄翌年再接再厲,舉辦「中國電影回顧展七九」,這一屆則加入大會堂劇院作放映場地。

羅卡按個人觀察指出,大會堂文化氛圍的轉變,「六七暴動」恍若分水嶺:此前乃殖民地達官貴人的遣興場地,隱現階級文化分野,普羅市民影蹤依稀,除了註冊結婚;之後政府開始關注青年人,市政局舉辦的活動覷準大眾,推動文化普及。比方 1968 年 4 月 20 日晚上在新落成的卜公碼頭天台花園舉辦青年新潮舞會,

安排流行樂隊表演,入場券每張只售二元;大會堂的表演節目亦趨民間化,1969 年 12 月,香港普及戲劇會應市政局邀請演出連串劇目,票價僅一元,報章稱為「開普及戲劇之先河」。「1967 年之後有了明顯的變化,英國貴族化的氣息淡化了,普羅大眾參與增多,連粵語片也到來取景拍攝。」他舉例如《青春之戀》(1967)、《大情人》(1968)及《紫色風雨夜》(1968),都有若干場面在大會堂實景拍攝。

電影節:首三屆唯一場地

向被視為庶民氣息濃厚的粵語片,往後亦有機會亮相於大會堂。第一屆香港國際電影節於

1977 年 6 月 27 日至 7 月 10 日舉行，據《香港國際電影節 20 周年紀念 1977-1996》所載，這一屆共放映了 37 部長片，合共 46 場，入座率達 87%。第一至三屆的電影節，大會堂是唯一的活動場地，包括在劇院、高座演講廳作放映，另在高座演奏廳辦座談會，高座展覽館及低座展覽廳均設展覽節目。

第二屆首次推出香港電影回顧專題「五十年代粵語電影回顧展 1950-1959」，除了放映，亦設研討會，包括邀請曾在香港大學執教的學者 Ian Jarvie 參與，他撰寫的 *Window on Hong Kong: A Sociological Study of the Hong Kong Film Industry and Its Audience* 乃首本關注香港電影歷史的英文著作。Ian 既主持個人講座，亦參加在高座演奏廳舉行的座談會，討論「粵語電影的前途」。期間與會的林年同指他以西方人的眼光觀看粵語片，既隔閡亦不到位。羅卡仍有印象其用語直接、嚴厲，剎那間氣氛弄得很僵：「林年同的觀點比較偏激，但回想，當場沒有人阻止，讓他繼續發表見解，看到當時有相對寬鬆的學術自由氣氛。」

歷年參與香港國際電影節工作，早期任遴選顧問，1991 至 2000 年轉任香港電影回顧節目的策劃。1994 年在大會堂劇院選映《八百壯士》(1938) 修復版，一度忐忑困惑。影片從國民政府角度頌揚民族精神，展示旗幟、軍曲：「當時快將回歸，這些場面可以被視為『敏感』，港英殖民政府向有審查這類內容。」影片終順利通過。該部無聲電影內有演唱〈松花江上〉及軍歌的場面，他邀請了八人合唱團在現場演唱，成為焦點放映節目。「當屆經理是唐詩詠，可見事在人為，只要負責人肯嘗試，是爭取得到的，畢竟影片講述的是中國人的抗暴歷史。」

散落在大會堂各處的，除了事件，就是種種與人交往的經歷。當時在這兒接觸到不少日後文化圈的知名人士，像前往辦事處遞交表格、處理文宣事務時，會遇上負責新聞傳訊的亦舒，又或負責公共關係的周采茨。有一回香港電影文化中心在大會堂辦日本電影放映，惜租來的拷貝缺英文字幕，他們迫得把英文對白本翻成中文，在劇院的控制室手動操作幻燈機，投映到銀幕側。當時市政總署的節目經理廖昭薰亦通融協助：「那時候的負責人容

許你嘗試，有理性又富人情味的態度，有利於推進早期的活動。」

在香港大會堂走進走出的這些年，追逐光影逸趣，亦為光影召集觀眾，羅卡看到與眾同樂的圖景：「大會堂由原本的英式會堂，隨着民間人士選用，愈變普及，接待的觀眾不單是上層貴族階級，帶動了文化潮流的本土化。」八十年代以還，公營的社區會堂陸續在各區落成，但他認為：「大會堂位處市中心，加上其發展歷史，以及結合多種場地設施，始終最受重視，被視為藝術文化的中心。」作為香港國際電影節的發源地，及至 2021 年的一屆，大會堂劇院仍是放映場地之一，光影綿延逾四十載。

「大會堂由原本的英式會堂，隨着民間人士選用，愈變普及，接待的觀眾不單是上層貴族階級，帶動了文化潮流的本土化。」

——羅卡

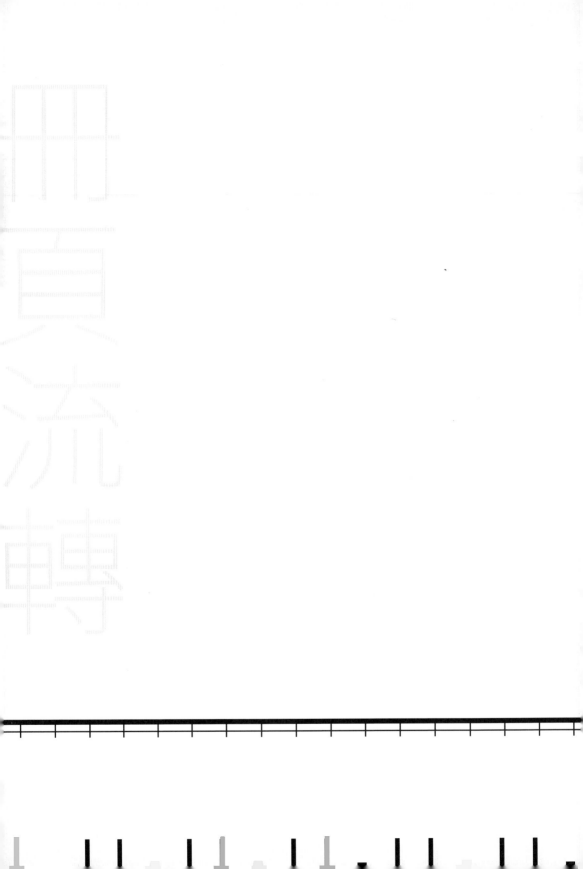

從卷冊到數據

鄭學仁專訪

　　鄭學仁退休前任職香港中央圖書館總
館長。訪問這天離開香港大會堂，由中環乘
港鐵返回南區的家，相當便捷。南港鐵線於
2016 年開通，從小寓居南區，他早已領略交
通阻隔下的生活，即使同在港島區，卻鮮少
踏足大會堂：「鄉下仔出城屬好大件事，當時
很少前往中環，對大會堂無甚童年記憶。」
告別少年時代，升讀香港中文大學，主修新
聞及傳播學，副修音樂，那時與大會堂雖遠
還近，偶爾前來欣賞音樂會，豈料沒多久卻
與它無間交往。畢業後加入香港中樂團擔任
演奏笙的樂師，大會堂音樂廳乃主要演出場
地。1987 年進入公共圖書館體系，曾在大會
堂高座參考圖書館工作三載。

1962 年 3 月 2 日，港督柏立基爵士蒞臨主持香港大會堂的開幕禮，並參觀各項設施，抵達高座圖書館時，接受了「編號第一」的借書證。3 月 5 日，圖書館正式對外開放，吸引大量市民前來申請借書證，編號雖沒港督的獨特，但對當時民眾實屬難能可貴。報章報道當天輪候人潮擁擠，整天收到申請表逾三千，截至下午五時已辦妥千多份申請。

打出參考圖書館木人巷

1962 年啟用的大會堂圖書館是目前香港公共圖書館體系的鼻祖，刻印歷史意義，地位別樹一幟。鄭學仁表示：「論館藏數量和獨特性，其他分館無可比擬，尤其有眾多特藏，如孤本珍藏。」大會堂圖書館開幕時備有中英文藏書約二萬五千冊，並保存「羅旭龢爵士藏書」及「學海書樓特藏」。惟館方有感藏書有限，早期每張借書證只可借書一冊。及後持續發展，藏品類型增加，於 1976 年設立首間音響圖書館。

入職後，鄭學仁沒有投進字裏行間，而是獲派往採編組，負責採購及編目：「或因我的音樂背景，獲安排為唱片編目。幾年下來整理館藏的黑膠唱片，接觸優美音樂，經驗相當愉快。」當時大會堂已成立視聽資料圖書館，市民可在該館聆聽由職員操作的黑膠唱片，或觀賞錄影帶，八十

港督柏立基爵士蒞臨主持香港大會堂開幕禮。（相片由文匯報提供）

年代中，大部分圖書館更設錄音帶外借服務：「為方便貼上供蓋印交還日期的紙張，找專人製作放置錄音帶的盒子，如書本大小，內有海綿保護盒帶。九十年代後期更可外借鐳射唱片。」往後他在地區分館服務，1996年進入大會堂參考圖書館，直至1999年。

啟用之初，大會堂圖書館位於高座的四及五樓，五樓設普通及商業參考書籍服務部門，其後逐步拓展至其他樓層，參考圖書館尤具規模：「行內人都稱這兒是訓練管理人員的『木人巷』。」話雖如此，他坦言非力爭進駐，「給上司『捉』過去的，但多少源於個人能力獲得肯定，所以挺開心。」尚未電腦化的年代，一切手動操作，在木造的書架間手起手落，確有「打木人巷」的況味。當時參考資料多屬閉架藏品，讀者在櫃枱查詢，管理員先過濾其問題，然後第一時間在館藏中尋找其所需的，供讀者留館使用。

其時書籍資料載於目錄卡片，大量卡片有序地藏於小巧的木抽屜內，儼如小型藥材店百子櫃，查卡片找書本：「目錄卡的資訊畢竟有限，管理員必須非常熟悉館藏，按讀者要求，迅速在正確位置找到合適的資料。故要長時間沉浸在身後的書籍海洋。」同時要自我磨練，做到眼明手快，記憶力強；業界公認這兒是行內最忙碌的圖書館，工作格外辛勞。他察覺讀者背景各異，但都尊重及鍾愛這地方，查詢的問題五花八門，卻都表現友善，要求合理，願耐心等候：「不會刁難職員，令我們能專注本身的專業工作。」工作中的樂子，每每就是成功突圍，覓得極難查找的資

料，滿足讀者所需：「這是手動時期的傳統訓練，大會堂給我們很多磨練專業技能的機會，打完『木人巷』出來，自覺天下無敵。」

■ 資訊科技游走牆內牆外

隨歲月推移，館藏有增無減，到一個地步，如洪水淹浸：「書籍多得無法入架，填滿餘下的空間，甚至放地面，擠迫得無法涉足走動。」其時已邁向九十年代末，資訊科技的先聲已在不遠處敲響了。他指出，1992 年區域市政局轄下的公共圖書館率先推動電腦化，翌年市政局亦展開。

服務公共圖書館 31 年，鄭學仁持續進修，先後修讀「圖書館學」、「圖書館及資訊科學」到「圖書館及資訊管理學」課程，單從名稱已體現服務性質的遞變：

「電腦化之後，要處理的包括圖書館四道牆以外的信息，管理員亦要『轉型』，一直追趕資訊科技，天天都有新事物，要不斷學習。」由以往按讀者的問題找尋幾冊實體書，電腦化後可搜尋百萬條信息，交由讀者收集。1991 年起修讀圖書管理科技課程，已聽到有人斗膽預言：「紙張快要消失，圖書館亦會消失，剛入讀時已遭到『恐嚇』。」惟預言暫未應驗：「現在圖書館行業仍存在，電子科技畢竟有其局限。」

1962 年落成的大會堂高座，最初供不同部門使用，非專為圖書館而建，發展過程中難免要改建：「為配合電腦化，須跨樓層鋪設線路，但不能在外牆拉線，惟有鑿穿樓層。」施工期間圖書館依然運作，講求「靜」的大原則暫且擱起，鑽鑿砍劈的噪音鋪天

蓋地：「我們的讀者極具耐性，在這環境下仍繼續讀書，十分體諒。」有天在扶手樓梯間，他目擊兩位女士下樓時，轟隆聲中，一塊混凝土竟從天而降，教他目瞪口呆，幸有驚無險，沒傷及二人。

形容科技發展一日千里，驟聽不免陳套，卻亦屬實。回看草創期的情景，赫然有種不可思議的落伍。他指大會堂引進很多新型的服務，包括 1993 年從美國引入首個線上資料庫，運作這初期的資料庫，誠屬一項「工程」。系統由管理員代行，培訓期間已收到指示，先要多番向讀者確認，若屬必須使用，才可啟動：「因為要利用電話線撥號接駁，除收取服務費，還會逐分鐘計錢。讀者選用時每次需付費 130 元。」作為早期產物，離實用尚有差距，他從未遇過讀者要求使用。歷經各方人員多年努力，今天只消進入公共圖書館多媒體系統，指尖輕敲便能獲取無盡訊息，但新世代享受便捷取用資訊的同時，往往漠視考據求證的功夫。他正色道：「圖書館的價值在於，從中獲取的資訊都有根據，是可靠的。圖書館受資訊科技衝擊最大，整個文化生態已變，目前需要引導大眾以正確的心態取用資訊。」

聚焦商貿的主要圖書館

　　1999 年，市政局及區域市政局合併，轄下各所公共圖書館系統亦融為一體，互為貫通，在新架構下，由總部綜合管理。此期間，鄭學仁由大會堂參考圖書館調往正在籌備的中央圖書館，見證此轉變。1986 年區域市政局成立，與市政局分別管理新界及市區的文康設施、市政衞生等。此前大會堂原屬公共圖書館體系的龍頭大館，性質如同中央圖書館，但在兩局分治期間，區局成立了多家地區中央圖書館，合併後，這些地區中央館定性為「主要圖書館」，合計六間，大會堂圖書館亦成為其中之一，而中央圖書館名副其實演繹「中央館」的要角，但他強調：「各館之間並沒有從屬關係，大會堂圖書館的特色亦沒有被取締。」

　　中央圖書館成立後，各館的館藏有所整合，像藏於大會堂的線裝書已移師中央館。但大會堂作為港島中西區的主要圖書館，仍有其獨特的位置。早在參考圖書館工作時，他已觀察到：「讀者不乏來自律師行、商業機構的從業員，查找人口數字、貿易數據、金融走勢、法律條文等，故特別集中商貿、法律方面的藏

品。」現時大會堂圖書館特設「工商業圖書館」，聚焦金融、工商、經貿等領域的資料，與當區的經濟活動息息相關。同時，「基本法圖書館」也設於這兒，因區內律師行林立，法院亦在附近。除功能外，它的發展歷程也是獨一無二的：「大會堂是地標，擁有屬於它的獨特氛圍，讀者到來，會緬懷它的歷史發展痕跡。」

任職中央圖書館期間，他曾主責專門參考服務及文獻徵集，音樂文獻的蒐集成績可觀。他表示，公共圖書館過往亦有徵集文獻，在大會堂期間便曾目睹掌故專家魯金的文物，還有香港作曲家聯會一批早期的作品，惟擱置多年，「礙於沒有專人負責，只能夠零星的進行，當時亦沒有專業的文物復修人員」。隨着中央圖書館運作，這些文物都有了歸宿。

從事圖書管理，亦不離音樂。他與大會堂結緣，起點也在音樂廳，由觀眾到演奏者。1984年首次隨香港中樂團演出，就在音樂廳，那夜完場時，樂團指揮吳大江當眾訓斥台下一位曾抨擊他的樂評，事件當年被大肆報道。「我初出茅蘆，在現場目擊這事，印象很深。」在中樂團三年，離開前在報章意外讀到樂評人周凡夫在專欄記下自己的動向，二人由此相知交往。周凡夫與大會堂關係匪淺，2012年出版的《現代香港的起跑點：大會堂五十年的故事》，由他執筆，撰文期間亦曾訪問鄭學仁。「平常我們很少談大會堂，大多數傾音樂。」十年人事幾番變遷，訪問鄭學仁這天，湊巧是周氏辭世一周年的日子，回顧添上多一分惦念。

縱非從小進出大會堂，但事業、人情，都不經意與這兒連上關係，雖不算深遠，卻別具深義，往憶銘記於心。現今滿頭銀絲的鄭學仁，回首圖書館發展進程，現已步入另一階段人生，在香港浸會大學音樂系任職講師，回到最初的原點——音樂世界。

「大會堂是地標，擁有屬於它的獨特氛圍，
讀者到來，會緬懷它的歷史發展痕跡。」

———鄭學仁

扶植本地藝術

王無邪專訪

　　王無邪設於廠廈內的工作室，沒有刻意粉飾，懸於素淨壁牆上的現代水墨畫尤為耀眼。畫像虛實互涉，雲霧峰巒、幽壑清泉，畫側有其簽名及畫題，像「滌懷十六」、「大江十七」……情懷意境互融。訴說從前，他輕輕細道：「與其他畫家不同的是，我有文人背景。」所言乃不折不扣的文字創作，由詩作到雜文，惟終以畫作闖出名堂：「我能力上是畫家，本質上是文人，我的文人氣質未變，一直在寫文章。」

案頭的著作《王無邪集》，印證他逾半世紀以來心繫香港畫壇。既是畫家，也是經年的觀察者，其中一篇文章指出，二次大戰後至七十年代初，香港藝術幾經蛻變：「每一藝術家都經歷過一段漫長的道路，從一度被認為的『文化沙漠』中奇蹟地走出來。他們在冷酷無情的環境中成長，面對的障礙之多，比之任何其他地方藝術家，可能有過之而無不及。」艱辛歷程銘記，但他銳意為藝術家開闢前往綠洲的路。文字來自 1972 年香港大會堂博物美術館舉辦「當代香港藝術展」的〈前言〉，策展人就是時任該館助理館長的王無邪。

王無邪向呂大樂教授介紹自己的著作——《王無邪集》。

博物美術館港藝推手

1955 年，王無邪與蔡炎培、崑南、葉維廉等文學青年合辦雜誌《詩朵》，惟成績欠圓滿，有感文人路途相對轉折、繁複，故主攻繪畫：「我很順利的當上畫家，那時寫現代畫的人比較少，在畫壇我很早已成名，結識了很多藝術文化界人士。」當中包括日後成為大會堂博物美術館首任館長的約翰溫訥（John Warner），留下他與大會堂結緣的伏線。

1958 年，他創辦現代文學美術協會，該會兩年後舉辦第一屆香港國際繪畫沙龍，他亦有參展。為擴闊眼界，親身了解現代繪畫，1961 至 1965 年間遠赴美國深造，先後入讀俄亥俄州哥倫布美術及設計學院，以及馬里蘭州馬里蘭藝術學院，獲碩士學位。回港前他收到溫訥來信，邀他出任美術博物館助理。回港後前往面試，惟管理層以其學歷並非由英聯邦地區頒授，沒有批准。失望之餘，卻遇上剛出任香港中文大學校外進修部主任的賴恬昌，獲他邀請加入執教：「這是我生命的轉捩點。我負責籌劃及管理兩個課程，一是水墨畫，另一是應用設計證書課程。」設

從前大會堂博物美術館會舉辦不同畫展。

香港大會堂掛在樓梯間的呂壽琨畫作。

計課程他親自主持,影響深遠:「課程推動了香港設計的新浪潮,孕育不少業界中堅分子,他們後來創辦了大一、正形兩間設計學校。」1969 年 8 月,大會堂美術博物館舉行了「基本設計展覽」,展示該課程學員的作品,同時出版了他的著作《平面設計原理》。

在該校任職兩年間,原先博物美術館的職位依然懸空,此時再度招聘,這一回他成功入職,職級更獲調升,於 1967 年出任博物美術館助理館長,主責香港當代藝術發展的展覽,同時負責公關、出版,以及相關的設計、撰文等,直至 1974 年離職。同行七載,他說:「早期沒有任何藝術發展的支援,大會堂差不多是推動整個香港文化的地點,博物美術館、圖書館肩負這個任務。」

博物美術館位處高座最頂的三層樓，乃城中僅有的藝術展館，免費入場，展覽廣受公眾歡迎。高座七樓及低座均設展覽廳，供民間團體租用，此前他們大多在中環聖約翰座堂側的副堂或租用酒店大堂舉辦展覽。圖書館則提供相關藝術的書籍、雜誌，過去僅在英國文化協會的小型圖書館，或美國新聞處的圖書館才找到這類參考資料。

雙年展為藝術家開路

王無邪一直嚮往現代藝文潮流，眼見二次大戰後內地政局紛擾，他觀察到香港藝術發展的契機：「接受西方的新藝術潮流，而又堅持中國的藝術傳統，在這背景下有機會闖出一條現代的路

向。」為此他追隨呂壽琨、梁伯譽研習國畫，深探傳統思想與繪畫技巧，繼而赴美進修，親炙西方藝術，逐步建立個人風格：「我有設計背景，運用直線、圓形，以虛作實，以實作虛，循着虛實之間模糊化的方向走，從中找到很多創作路線。」

1962 年大會堂成立，同年 5 月 25 日博物美術館舉辦「今日的香港藝術」展覽，他亦有作品參展。往後多年，該館鮮少舉行這類展覽，及至他進館，懷着推動具本土特色藝術潮流的初衷，抓緊機會發展香港藝術。切身體會藝術圈歷年來支援匱乏，畫家委實無路可走，因此王無邪說：「年輕一輩要出道很困難，他們沒有能力租場地辦展覽，只能藉師生展才有機會展示作品。由博物美

1977 年當代香港藝術展覽海報，當年在大會
堂低座展覽廳舉行。

1979 年在大會堂藝術館曾舉辦「王無邪繪
畫、素描、版畫」展覽。

王無邪畫室的畫作。

術館舉辦大型藝術展是最好的方法，讓藝術家向公眾展示作品。」

1969 年底至 70 年初，首次「當代香港藝術」展覽在大會堂舉行。展覽歡迎所有本地藝術家遞交作品，經評審挑選參展，往後發展為恆常的雙年展：「每兩年辦一次，有充分的時間體現藝術創作的變化。」雙年展設頒獎制度，成為本地藝術家觀摩、進步的平台，帶來多重正面效益。其一，館方有機會收藏獲獎的作品，從而豐富館藏，再者，無論作品獲收藏，抑或純粹入選參展，這些藝術家都多了一個身份，鼓勵他

們再接再厲，兩年後再度參展：「當時開始進入畫廊年代，有畫廊注意到這些新秀，為他們辦展覽，形成香港藝術一個廣泛的浪潮。這個展覽是很重要的，形成一個傳統，延續下去。」

首次展覽舉行期間，王無邪曾撰文指出：「展覽並不明顯地偏重任何一方面，因此很能忠實地呈現出香港藝壇的橫剖面。」展場之內，「在一極端有保守的傳統主義者……在另一極端有急進的前衛藝術家」，他懷着美好願景，希望由此能醞釀出「香港藝術獨立的面貌」。總括而言，「這展覽

令我們首次感覺到香港的藝術潛力。十年前，香港的藝壇是一潭死水，五年前，中元畫會之出現頗能引起一些波瀾……現在一群更年輕更具活力的藝術家反而更引入注目……這展覽無疑地給了我們很大的鼓舞，我們期望真正的香港藝術迅速地建立起來。」

晃眼逾四十年，他對香港當代藝術雙年展的效益堅信不移：「把大家的作品放在一起，有比較，看到哪些較為先進，哪些較為保守，從中了解怎樣發展。」回溯當初，冀藉此展覽推動新舊融合蛻變，起匯流入海之效，長流不息：「藝術發展並非孤單的，或憑個人可以成就，而是一個浪潮，要有領導者和追隨者，然後有新的領導者，繼往開來。『繼往開來』這觀念很重要，否則只是跟人尾巴，成不了自己的品牌，只借用別人的品牌。」

自家藝術品牌不能缺

1974 年，博物美術館分拆為香港博物館（現稱香港歷史博物館）及香港藝術館，後者一直留在大會堂，至 1991 年遷進新落成、位於尖沙咀海旁的香港藝術

館現址。2006年底，王無邪應邀在該館舉行「東西問道——王無邪的藝術」展覽，並出版同名畫集，內載他撰〈戰後香港藝術：成熟與自強〉一文，概略指出：「1962年香港大會堂落成，是與香港藝術發展直接有關的第一件重要硬體，提供了位置最便利的適當展覽場所。」由博物美術館到藝術館，他倡導的當代香港藝術雙年展持續舉行，為本地藝術發展注入正面力量。及至2013年舉行過後便告暫停，2015至2019年藝術館關閉翻新是當時聲稱的原因。王無邪對雙年展始終牽掛，說來不無感慨：「我覺得遺憾。他們沒有聲明不再辦，只是暫時停辦，但已過了很多年，仍未復辦，現在有了西九文化區，藝術館應注意，有被逐步邊緣化

的危機。」他認為藝術館只倚靠外來展品，但重開後，矚目的展覽並不多見。

「藝術館作為官營的主要場館，是目前唯一一個可以推廣香港藝術的地方，不能倚靠西九的M+博物館發揮這功能。香港要擁有文化地位，就要靠本身的文化品牌，展示自己的藝術品，而非別人的。我在大會堂工作時，十分看重如何建立本地的品牌。我對藝術館多少懷抱期望，希望能繼續辦好雙年展，可惜仍未看到。」他語重心長地說，並續指出，香港的文化活動相當多，但對建立本身的藝術品牌並未有清楚的定位。藝術家欠缺本身的獨特品牌，在藝術市場很難生存，像水墨畫，香港有過領導地位，惟今已旁落：「無論將來朝哪個方

向發展，香港在藝術上要建立本身的品牌，有別於內地、台灣，一展示出來，就看到是香港的，由香港的水土培植出來的。」他認為香港有本身的地域、歷史及文化特質：「香港畢竟要傳承在殖民地期間長時間吸收的西方文化，作為一部分發展基礎。」

對本地藝術發展的心跡，與半世紀前身處博物美術館的崗位無異。他承認該職位對推動香港新一代藝術具有作用，1972 至 1973 年他更曾出任署理館長，卻笑言在很多機構皆「坐二望一」，往往選擇逍遙他往。最終告別大會堂，脫離公務員體制，坦言與抱負有別：「我知道本身的喜好，亦了解個人能力，若長期留任，我本來的能力會慢慢消退。天生我才，應用在適當的地方，我覺得自己的才華在畫畫，若放棄畫畫，就浪費了這才能。」他表示目前仍偶有執筆寫畫，至於大會堂，礙於由住處前往路途阻隔，已多時未訪：「我覺得大會堂歷年來似乎沒多大改變，除了花園整理過，由馮永基設計。香港大會堂始終是一個里程碑。」

「早期沒有任何藝術發展的支援，大會堂差不多是推動整個香港文化的地點，博物美術館、圖書館肩負這個任務。」

——王無邪

經典築跡再亮

馮永基 ╳
呂大樂對談

　　1992 年，香港大會堂慶祝三十周年，進
行了大規模翻新，低座及紀念花園的工程由
時任建築署建築師馮永基負責，2002 年他進
行了第二度翻新工程。舊地重遊，撿拾到記
憶，也撿拾到樂趣，見低座壁牆上的文字，
欣然道：「我喜歡用這種 Avant Garde 字款，
30 年了，還未被拆去。」

　　當年的翻新手法含蓄內斂，仔細循原建
築的肌理進行，毋須改的便保留，功能上必
須改善的，才大動作重修。對原建築風格，
他懷抱敬意：「香港大會堂的空間運用是很『謙
卑』的，一如其他五六十年代的重點工程，反
映了當時的社會民風，對建築美學的追求，
與今天是有分別的。現代人喜愛運用巨型、
誇張、龐大的方式，製造『嘭嘭』聲的震憾效
果，博得『嘩』一聲，但響亮過後，卻沒什麼
作用。我覺得不要破壞城市原有的肌理、脈
絡，否則是失卻對城市的尊重。」

　　迄立原址 60 年，大會堂已屬法定古蹟。作為首個閃耀文化亮光的演藝場地，未來路向會怎樣走？致力研究香港社會發展的呂大樂教授，與馮永基展開對談，了解這位曾替大會堂翻新的建築師，對它往後的「新」旅程，有何想法。

　　馮＝馮永基
　　呂＝呂大樂

　　呂：香港大會堂現已列為法定古蹟。30 年前你曾為低座及紀念花園進行翻新工程，當時的意念是怎樣的？未來怎樣把這意念繼續發揮，為這片地方往後的發展，提供一個有價值的參考？

　　馮：大會堂可說得天獨厚。過去每隔十年便舉辦一次紀念活動，這是其他公共建築所沒有的。三十周年那一次是大動作之

舉，最初管理層表示，把破損的加以修葺便可以，但我過不了自己那關，所以從大範圍思考，提議進行較大型的改動。

其實，我不想做大變動，我十分尊重大會堂的歷史價值及其建築特色，當時有強烈的意願要維持原貌。可惜，在功能上和運作上，存在很多矛盾，因此在紀念花園才有較大的動作去改善，其他地方則盡量保存原貌。當時我接觸了原建築師羅納德菲利普（Ron Phillips），另一位費艾倫（Alan Fitch）則已過身。最初的圖則由香港大學建築系系主任哥頓布朗（Gordon Brown）及其團隊設計，成員之一是該學系首屆畢業生廖本懷，他對這項目懷抱情感，但圖則因造價高昂而未被採納。

多年來，羅納德菲利普數度獲邀來港參加大會堂的周年慶典，看到由政府到民間，對這座建築物感情深厚。何解它的地位如此尊崇？值得探究。我早已相信它不會被拆卸，很多人更視它為殿堂，但它的角色正在消失，畢竟周遭持續年輕化，它顯得老化了，但無損其尊崇的地位。目前已醞釀一些發展方案，如擴建，期望替它重新定位，再次帶來生命力。

褪色風味　稀罕珍貴

呂：我們都體會到大會堂具有特殊的地位，30年前你進行翻新工程時，感覺是怎樣的？現在又過去了30年，你認為哪些地方必須保存，否則會失卻了意思？

有什麼需要改變？我對高座有點擔心，以前那兒有些房間供人辦講座的，現在真的沒多少人會來搞講座？

馮：大會堂有很多設施，向來被視為無懈可擊，我在這個大背景下進行翻新，所以非常謹慎，並邀請了香港大學的教授做顧問，確認建築物在修葺後沒有經過改動。當走進劇院、音樂廳時，我不想有改變。這想法和管理層有落差，他們認為已破舊的就應該改動，但我說不行，因為我喜歡那種包浩斯（Bauhaus）建築的味道，今天看來或有點過時，但我喜歡那種風味。譬如劇院鑲嵌的黑白相間防火板，看來像六十年代陳寶珠電影的場景，但很難得仍有地方保留了這種裝飾。我只把剝落的修補，全部清抹乾淨。

至於音樂廳，我不敢變動，因為當年是經過精密計算，營造最佳的音響效果。但有些地方依然要變。地板原本採用一種水松地板，幸好仍能找到這種物料，一定要用回，擔心換上其他物料，會影響音響效果。同樣，座位椅墊的布料對音效亦很敏感，

更換時相當謹慎，除了這兩樣，其他都沒有改動。這種褪色的懷舊風貌別具味道，並非人人鍾愛，但我堅持要保留。

當時最大的改動是紀念花園，其一是改變了婚姻註冊處的人流走向概念。以往高座婚姻註冊處裏外總是人山人海，尤其是樓梯位，上和落的人為佔據有利位置拍照、攝錄像，你推我撞，喜慶日子也發生口角，周遭氣氛像催促你離開。我努力說服管理層，改動了建築結構，鋸去一段樑位，在註冊處外加建一窄一闊兩段階梯，讓完成簽字儀式的新人及親友可以直接離開，走到室外，毋須走回頭路，人群作單向流動，避免進與出的人碰撞。這個改動方便了參加婚禮的人。

其次，把花園分成「靜態」綠林區及「動態」流動區。前者圍繞二次大戰紀念龕，遍植樹木，後者則在婚姻註冊處外的樓梯周圍。劃分毋須太明顯，大家自然會歸位，見兩組樓梯，參加婚禮的人會聚集拍攝照片。以往大會堂是婚姻註冊熱點，還舉行其他活動，運作上存在模糊點，花園散落一堆又一堆人群，不少新人走到紀念龕外的樓梯拍照，實有

欠尊重。我的規劃以功能先行，化解多年來產生的矛盾。

呂：30年前你做的翻新工程，相當含蓄，低座保留了不少東西，至於細節處，像洗手間或大堂張貼海報的地方，你全部整理過；記得以前大堂的海報是雜亂無章的亂貼，把柱位都圍封起來。看到你對這片地方具有感情、記憶，並由這個角度去行事。

馮：你說得很好，何解我着緊貼海報的位置？因為我有畫畫，從大學開始已常來租場辦展覽，我是「受害者」。那時屬流水作業式管理，租場者拿海報來蓋章，便可以張貼。結果你貼我又貼，不斷增加，「窿罅」位都貼滿後，竟加上架子，把柱位都遮蓋了，同場有數以百計海報，自己那張就消失在海洋中，無人會見到。我從「受害者」經驗去改善，不能夠讓人人隨意的張貼，海報排列要井然有序。因涉及限制張貼，當時管理層憂慮有人投訴。然而，過去那雜亂的情景，看得你厭煩，實非有文化質素的環境。另外，有感大會堂的文化元素不足夠，當時我走遍整座建築，爭取到一個空間增設書店，那位置原本給酒樓作士多房，我把它翻新供開設書店。

自小流連　貫注感情

呂：有好些地方，看到你翻新得頗有心思。

馮：今天我們身處的這間貴賓房，原有三個凹位，當年我做了三幅玻璃，上面印滿藝術家的簽名。後來被拆掉了，原因不明，實屬不幸。這批藝術家都曾在大會堂表演，像梁醒波、靚次伯、芳艷芬等，當年會請表演者簽名留念，留下很多本簽名冊。我們團隊逐頁尋找，因墨水已褪色，很花功夫，繼而套色、放大，以絲印技術印到玻璃上。留下簽名的這批人，是香港大會堂的先行者，因為他們，香港才出現藝術環境；他們是香港的第一代藝術家，真正與大會堂產生關係。這是很有意思的。

呂：大會堂在 1962 年落成，它的佈局、功能亦很有趣，既是當時唯一的一流表演場地，卻又像英國的小鎮會堂，內設婚姻註冊處、圖書館及美術博物館。從這功能角度，對你翻新紀念花園的構思，有何影響？像你提到婚姻註冊處人多擁擠，便設計一道樓梯，讓新人行禮後推門直走到外邊。

馮：結婚時刻，對很多人都非常重要。奈何不少人卻為爭取有利位置拍照片而起衝突；的確，搶不到好位置攝下漂亮的婚照，令人遺憾，我就是不想讓人感覺遺憾。

呂：當時有沒有一個想法，我作為普通市民，來到這個地方，怎樣會令我感覺舒服？

馮：我從小已是中環人，八、九歲就愛沿街遊逛，孩童時期已長期到大會堂霸位讀書，霸佔高座的樓梯級位置。由早到晚在這兒流連，我的文化素養是在大會堂培養的，形成很緊密的關係，感覺它的每個空間都和自己很密切。做這項目時，我非常強烈地覺得如同處理自己的家，希望把心願、把積累多年的認識，借此機會表現出來。正如重新規劃紀念花園，因我經歷多年，知道矛盾所在，可以如何化解。當然，我亦盡力脗合當年的包浩斯現代建築風格，故翻新後的公園，與周邊環境不會出現視覺差距，這亦是我的建築風格。我深信每一座建築物都有本身的功能，我會

聚焦研究，然後呈現它應有的風格，呼應那地方的文化歷史，並非大搞標誌性建築。站在尊重大會堂原建築這一點，我的翻新是成功的，修葺能融入其中，看來並不覺眼。

呂：大會堂已是法定古蹟，不會被拆卸，未來會如何延續？

馮：相信不久將來會有一些發展方案提出。假如將來進行重修或擴建，我希望能參與相關委員會，表達一點意見。大會堂原有的風格，一定要保留，當年把包浩斯建築風格帶來香港，實在較很多亞洲地區走得快，這是其價值所在。若要擴建，是模仿原有風格，抑或在玻璃盒中拼砌？要看是否由高手主理，若純粹個人表演，我是擔心的。有人經常舉西班牙的畢爾包（Bilbao）為例，那是一個已失去光華的工業城市，要再次發出光華，但香港是金融中心，已發展成熟，毋須做些轟動的作品出奇制勝，不要為出奇而出奇。

風氣帶動　文化自信

呂：當中一個最大的考驗，

是文化自信。我於 2000 年到過畢爾包，充分感受到一個衰落的舊城市，找到一個點子，吸引人前來，死而後生。印象很深一點，乘飛機離開時，在機場辦好登機手續，我問職員為何不告知在哪個閘口登機？對方答：「內進後，不是 A 閘就是 B 閘，你擔心找不到航班嗎？」原來那閘口，經過一段樓梯後走出停機坪再登機，好像過去啟德機場的運作，它比啟德要細。我明白，畢爾包要找來一點……

馮：要沖喜……

呂：要沖喜！他們那種文化自信，對巴斯克文化很有信心（按：畢爾包為西班牙巴斯克自治區的最大城市），當地古根漢博物館（Guggenheim Museum Bilbao）收藏很多巴斯克藝術家的作品，你別問我有沒有印象派、畢加索，來這兒就是欣賞巴斯克的藝術。他們要藉這項目重生，故此要「爆」，但將來的香港大會堂，如你說，要保持原貌，簡約風格具有很大的作用，只要貼近市民需要，就吸引到人前來。你會不會擔心，我們欠缺足夠的文化自信，到時又要思考怎樣搞些亮麗

的項目？

　　馮：你正正講出了問題的癥結。文化上我們遇到非常嚴峻的處境，就是失去了自信心。外國人對香港締造的文化成績十分欣賞，目前香港是全球第二大的藝術市場，已超越倫敦、巴黎，亦是亞洲區的藝術樞紐。但本地人並不察覺，是我們太含蓄？抑或對本身城市的高速轉變追趕不上？高官亦然，近年才意識到這些變化。

　　我期望年輕人擁有這種自信，一股文化藝術風氣已在形成中，這股風氣逐漸改變人的觀念。背後是否受西九文化區，甚至金錢力量的推動，值得探討。我閱讀關於香港作為藝術樞紐的討論文章，看到各種偏見，透視大家都欠缺了自信。同時又產生了另一現象，就是「本土主義」。我們值得重建對自己城市的認同感，但並非如現在般，經常把豬皮、魚蛋、雞蛋仔捧到上天的高度，有時來得太濫，過度了，變成一個盲點，難以自我提升，無法產生精緻藝術。

三十年後，
馮永基導賞大會堂

一／低座洗手間

2002 年第二度翻新的項目，包括低座的洗手間。當中須展示「六大禁止」警告語，馮永基笑言：「我採用了塗鴉方式，模仿曾灶財的書法字，反過來諷刺這類警告，很好玩。」

二／大門外圍的座椅

1992 年翻新時，外圍面向維港一方設置了座椅。2002 年第二度翻新時，當局陸續在公眾座椅加上扶手，防止人躺臥，其時管理層亦要求馮永基依樣操作：「我很抗拒這樣做，何解不許人躺臥！於是採用聰明一點的做法，在椅子中間加插剪影圖像分隔，呈現城市的生活面貌。」

可是仍有官員憂慮引起反對聲音。馮永基沒好氣憶述：「我覺得不會，那純粹是有趣的間隔裝置。所以先試做一個『手袋』剪影，放了一星期，沒引起任何投訴，繼而加入『貓

仔』，然後是其他。這樣做可説把野蠻行為化作活潑的手段。」片片剪影立在椅子上，色彩繽紛，其中一片，馮永基留下了閱讀時的自己。至於地上加上雀鳥剪影，也是應要求，杜絕公眾在那兒玩滑板：「其實我挺欣賞年輕人有這股活力。」馮永基説。

三／低座衣帽間對開藝術品

低座衣帽間相對的大理石牆上，高懸「蛙王」郭孟浩的裝置作品「焦　一零七四」。作品於 1975 年已放於大會堂，所用物料據説取自火災現場：「管理層原本要求把它拆走，我解釋了它的歷史，才得以保留。現在前方加設了斜道，無法觀賞整個作品。」希望仍有人會留意到它的存在。

四／二樓樓梯旁的隱藏式木扶手

「這個隱藏式的扶手，參考了貝聿銘設計、位於美國首都華盛頓的國家美術館東館（East Building of National Gallery of Art）。他運用的凹線位，我很喜歡，這裏擺明『抄襲』，他用石材，這兒用木材。」

五／懸於牆上的大會堂沿岸黑白舊照

「樓梯這張黑白舊照片我要求保留，它記錄了六十年代初大會堂附近的舊建築，寓意把歷史放在眼前，很有意思。我特意騰出這個位置把它框起，希望照片能持久地保留在這裏。」

六／三樓呂壽琨畫作

　　低座三樓展示了著名水墨畫家呂壽琨作品《維多利亞灣》：「畫作早已懸放這兒，原本被要求移走，我把它救回來。畫的表面起了霉漬，已經專人清理。作品雖已褪色，但依然有意思，放在那兒，映襯夜香港。呂壽琨早年繪畫了很多香港景致。」

七／二樓牆壁

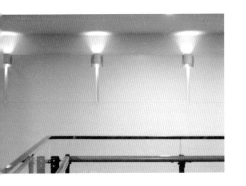

　　二樓牆身鑲嵌了一列壁燈，透着低調的光芒：「這些燈又經歷了 30 年。由燈到它延伸出來的線條，我都追貼，體現了『建築師的瘋狂』。我鍾愛整體設計（Total Design），這些燈是我自行選的，因為我要確定用哪款燈，才知道要開一個怎樣的凹槽配合，然後把線條緊貼延續，每部分都緊緊相扣，很多細節位要跟進。早年我沒有這種使命感，直至與貝聿銘接觸，看到他對每件事都親力親為，每個小節都能夠解釋清楚，令客戶心服口服，也令我的心態轉變了。」

八／大門入口木把手

　　「出入的玻璃門都用上木把手，全部統一，一直沿用至今。我鍾愛用實在的物料，如木。不太喜歡鋁質，鋁屬於很現代的感覺。」木質觸感，確實能帶出建築物的溫度。

九／大會堂門外走道

大會堂外圍原屬混凝土地面，馮永基改用了地磚，砌成統一圖案，一直鋪至當時的皇后碼頭：「把大會堂的感覺伸延出去，亦把愛丁堡廣場和大會堂連成一體。那時未有電腦操作，要繪圖畫方格，編號碼去做。我把方磚整齊排列，即使遇到渠蓋位置，我亦會追貼格數，公整對齊。這是相當困難的，因為地下渠位不可能配合，我要逐格數，算到準確才鋪設。」這就是建築師對建築和藝術的一份執着。

十／二次大戰紀念龕附近

1992年翻新時，移走了二次大戰紀念龕外原有的「Y」型梯級走道：「以往很多新人在這裏拍照，因為空間很狹窄，大家常為爭取拍照位置而起衝突，位於紀念龕外，實在欠缺尊重。」他在紀念龕四周營造了一片青草地，構成距離空間，同時加建了一段水槽，水深很淺，一直流向花園另一邊：「流水經過『英魂宛在，浩氣長存』木匾，寓意把英魂帶往天國，悼念二戰期間為香港捐軀的軍民。」後來有新人踏進水槽濺濕腳，媒體加以渲染報道，最終在2002年進行翻新時，把流水設計填平。馮永基始終覺得：「我尊重那些為港服務的人士，不想那地方完全乾涸的，所以把草地修改為水池，內栽植了蓮花，由上而下引流水經過木匾。」

十一／花園一側牆壁及地面

　　2002 年的翻新，還在低座加建了一堵特色牆，遮蓋了背後的空調裝置：「最大的特色是，午後陽光照射過來，把前方洋紫荊樹的剪影投到牆上，供人欣賞這投影。下方以紅磚砌出斜角圖案，並開了一個『漏窗』，類似蘇州庭園的模式，可惜現在弄得較雜亂。」其外的地磚意念來自鋼琴的黑白鍵，黑白灰可說是大會堂原汁原味的色調。

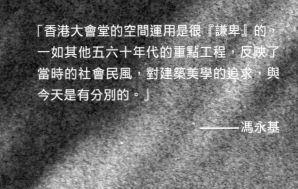

「香港大會堂的空間運用是很『謙卑』的，
一如其他五六十年代的重點工程，反映了
當時的社會民風，對建築美學的追求，與
今天是有分別的。」

——馮永基

城規地標

文化圈聚焦點

凌嘉勤 ✕
呂大樂對談

　　中學二年級參與戲劇活動，凌嘉勤初踏香港大會堂劇院台板。往後持續登場，更組織力行劇社，歷年鍥而不捨延展劇藝志。事業上，他在規劃專業力爭上游，曾任規劃署署長，也是中環新海濱三號用地招標的顧問團成員。他從文化及規劃專業兩個層面與大會堂連結互動，坦言在此成長，對它感情深厚，而從城市發展角度，認同大會堂是別具特色的完整建築群，也是中區最具歷史價值的地點，將來通往新海濱的「歷史文化走廊」上，它把中環核心商區與新海濱連接。若拉闊一點從「維港文化圈」觀察，它亦有舉足輕重的地位。

呂大樂教授探尋大會堂的發展軌跡，了解這當年唯一的演藝場地具獨特性，因而更關注它能否延續光輝，抑或變成一般的表演場地。遂邀約凌嘉勤對談，憑他經年在大會堂的劇藝體會，以及作為專業城市規劃師的經驗，就大會堂該往哪方走的疑問，定能給予洞見。

呂＝呂大樂
凌＝凌嘉勤

呂：邀請你前來傾談，其一是你參與話劇活動多年，想了解你和香港大會堂的淵源，這地方對你有何啟發；其次，本地的文化重心現已逐步移到西九文化區，但與藝文界的前輩交流，特別是表演者，他們依然覺得大會堂有本身的特色，設施水準亦很高，是優越的演藝場地；將來附近續有大型建設，從城市的宏觀角度觀察文化發展，你怎樣看大會堂的未來？

凌：讀小學時，我居於紅磡。父親有天帶我前往窩打老道的九龍公共圖書館，[1]並申請了圖書證，覺得很有趣，之後便經常前往看書。小學五年級時遷居尖沙咀，發現乘坐一程渡海小輪便抵達香港大會堂，好驚喜，於是領着弟妹前來看書借書，這裏還有美術博物館，可以免費欣賞展覽，又看過紀念公園的雕塑展，那幾年我頻密前來，擴闊了眼界。

升中後入讀聖芳濟書院，老師曾帶我們來大會堂看話劇，一元一張票，而我在演奏廳看的首部話劇是《七十二家房客》。升讀中二時認識了古天農，[2]他是文藝青年，閱歷比我深，引領我閱讀《中國學生周報》，大家一起投稿。他告知校協戲劇社（下稱「校協」）[3]正招收會員，大家前往大會堂高座七樓會議廳面試。當時站在一面大玻璃窗旁，首次由高角度鳥瞰和平紀念碑，一時走神，原來輪候後台工作的隊伍已離開，我被誤以為遴選演員，於是讀了一段劇本。結果我和阿古都被選上，參演了社協 1972 年的話劇《塵》，我演阿牛，阿古演嬉皮士。中二的整個暑假都在大會堂排戲。

話劇《塵》是由市政局與校協戲劇社合辦，屬四幕粵語話劇。

1972 年的話劇《塵》，凌嘉勤的整個暑假就在大會堂高座排戲，那段快樂的戲劇時光，如今仍然回味無窮。

當年飾演阿牛的凌嘉勤，多年後回望昔日的戲劇歲月，以城市規劃師、話劇演員的身分回望大會堂，他的眼中都是有過去、有將來。

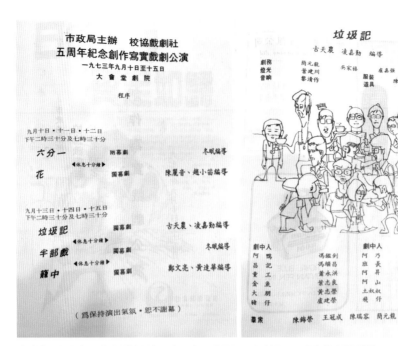

凌嘉勤當年與古天農合編的劇本，亦是古天農的第一個劇本，兩位為該劇的編導。

當時的劇本，只要獲得楊經理（按：楊裕平）通過，就可以演。楊經理熱衷文藝，會對劇本提出修改意見，或建議參考一些劇作。當時年紀小，人家話：「楊經理和我們傾劇本！」我又跑去聽，總覺得很難想像一位場地管理人會和我們這群小夥子傾談文藝，排戲時他又來看，那交流是很有趣的。

之後一直參與校協的話劇。校協很重視創作寫實戲劇，我和阿古曾合編劇本《垃圾記》，亦是古天農的第一個劇本。此乃響應清潔運動而寫，內容觸及社會民生，在楓樹街球場的嘉年華活動首演。暑假期間我們修訂劇本，跟着在大會堂公演，這年我們就讀中四。翌年校協六周年，公演了《會考一九七四》，參演者大多是中五學生。這劇以徙置區作背景，我們到柴灣、荃灣徙置區做社訪。我是前台主任，並飾演兒子，阿古是執行編導，飾演父親。畫家歐陽乃霑很有心的義助我們，繪畫佈景草圖及設計海報。

劇院音效佳　張聲響全場

呂：見場刊載在學校演出，校協會舉辦比賽？

凌：有的。校協有會員學校，每校派出五人代表參選幹事會。教育司陶建（Kenneth Topley）任贊助人，他亦應邀前來觀劇。除周年演出，亦舉辦「全港青少年中文劇本創作比賽」、「劇本圍讀比賽」，還有「創作劇小習作比賽」及「創作劇小習作匯演」，在學校禮堂舉行，每位參加者有 20 分鐘演出，不少後來的劇壇中人都參加過「小習作」。

呂：校協的周年演出多數在大會堂舉行？

凌：沒錯，多在大會堂，後來場地增加了，亦會到其他地方演出。成立力行劇社後，像為國際綜藝合家歡製作兒童音樂劇，就在大會堂演出。大會堂劇院的聲學效果相當理想，是各場地中最佳的，關乎其建築設計。當年只有一兩支懸吊的咪高峰，僅靠演員高聲說對白，觀眾就聽得很清楚。所以我們很注重練聲，學懂運氣，甚少有聲沙問題。現在都用無線咪高峰，即使站在舞台後方說白，同樣響亮清晰，聲音失卻深度，不夠立體。自中二暑假在大會堂排練《塵》起，我可說在大會堂長大的，留下很深的情感。

呂：力行劇社的演出，是否多選在大會堂，還是分散到其他場地？

凌：那時候藝術中心已啟用，演出地點視乎租用到哪個場地。1977 年，校協的《牛》在大會堂首演，第二年就在藝術中心的壽臣劇院重演。《牛》好像是壽臣啟用後，首個公演的本地創作劇。那劇共演出十場，很厲害。《牛》的靈感來自一宗新聞，當時柴灣屬剛開發地區，有位人士經營麵店，因生意欠佳及家庭問題，致精神失常而輕生。後來讀報得悉有精神病患者揮菜刀砍斷家中神主牌，我把這場面寫入劇中。校協很注重創作寫實劇，有個口號：「從生活中來，到生活中去。」

呂：我在壽臣劇院觀賞《牛》的，因有兩個同學參與演出。現在要使用場地，必須申請，當年你覺得大會堂是否容易可使用的場地？

凌：相當容易用得到。大會堂預定我們每年暑假來排戲，繼而在九月公演。除給予演出費用，還撥出高座一間有空調裝置的排練室給我們，有地方排戲是

非常重要的。同時可以在票房售票，又讓我們張貼海報。從這個層面看，是很方便使用的。

呂：即是當時不會有個感覺，本身並非大劇團……

凌：當時仍未有香港話劇團，當然有一些具規模的，如鍾景輝、梁天所辦的演出。校協有個優勢，是當時全港僅有的聯校劇社，或者大家覺得要多支持中學生。到力行劇社時，規範多了，要向康樂及文化事務署申請，由其安排場地，不一定選到大會堂。校協的年代，大會堂是非常友好的。

讓藝術養分流進社區
規劃新里程

呂：把視野稍為拉闊。大會堂成立於 1962 年，持續推廣普及文化活動。到 1973 年出現大轉變，政府為市政局引入新的財政安排，資源更充裕，大會堂舉辦了如香港藝術節等活動。直至八十年代，出現很多地區表演場地。作為城市規劃師，對八十年代這個轉變有何看法？

凌：作為城市規劃師，是有相關的政策，一個新市鎮或人口密集地區，人口到達一定數量，就要提供文康設施。有三個文娛中心最具代表性：上環、西灣

河及牛池灣，提供表演場地及排練室。它們均設於多用途市政大廈內，當中也有街市、室內體育館等。這政策把藝術場地帶入社區，是很重要的轉變。新市鎮的大會堂亦相繼落成，包括荃灣、沙田及屯門，其演奏廳依據大會堂音樂廳的圖則興建。往後有葵青劇院，七百餘位，相當適切，相比千多位的場地，對觀眾的藝術感染力更強；當然，大會堂劇院與觀眾是最緊密的，亦最好玩。每個新市鎮都應該有這種設施，元朗亦有元朗劇院。

力行劇社亦在地區大會堂演出，荃灣大會堂初開時，我們公演過《等待果陀》。文娛設施進入社區是重要的政策。藝術愛好者都希望有表演機會，即使業餘團體，演出機會也很要緊，因為有演出，公演那天就成了目標，驅使參與者認真籌劃之前的各項工作，能提升水準。我從來不覺得香港是文化沙漠，當年校協的標誌，便請乃霑叔繪畫沙漠中的仙人掌。香港有一個特色，擁有眾多水準不俗的業餘團體，孕育了很多潛在觀眾，香港的話劇文化就是由業餘團體開始。我贊成在城市發展規劃中，建設文娛表演場地，並非只為職業團體，實在有很多民間文化活動，應該支持，提供表演及排練場地。

呂： 六七十年代，香港大會堂是唯一的文化場地，設音樂

廳、劇院，高座有圖書館、美術博物館，很多人在紀念花園留下婚照，它如同多功能市鎮會堂。現時它的苦惱，也是挑戰，究竟要變回中西區的文娛康樂場地，抑或可以繼續擁有較為特殊的地位？

凌：香港大會堂依然是文化地標。我任港島規劃專員時，從資料發現曾有建議把大會堂清拆重建。我是反對的。大會堂的包浩斯建築風格，線條簡潔，大型窗戶有利採光、通風，以功能決定建築形態，服務對象由貴族、中產階層轉向普羅市民，甚具特色。這股建築風氣吹到香港後，不少學校、公共建築都用上了，但大部分已拆卸，大會堂仍維持完整的建築群，包含低座、高座及紀念花園，不應清拆，故我做規劃時，把整個大會堂保留。

將來「中環新海濱3號用地」[4]地盤竣工時，有一段歷史文化走廊，由渣打、滙豐總行及中國銀行舊總部這三間發鈔銀行起，緊接皇后像廣場、和平紀念碑，再沿行人大平台直走到新海濱，側旁就是完整保留的大會堂。我按這理念去規劃，大會堂是整個歷史文化走廊的重要組成部分。無

疑貫注了個人情感，但大會堂實在保留了幾代人的回憶，也是中區最具歷史價值的地方，加上海濱不應興建太高的建築物，故應該保留。

中環新海濱　大會堂閃耀

呂：大會堂將來怎樣能夠再展現新的生命力？譬如歐美城市保留古舊表演場地的做法，變作經典場地，強調絕佳的聲響效果，又或突顯一百幾十年來有無數名家臨場表演，縱非最豪華，但只要能在此高歌一曲，就聲價十倍。

凌：這問題不容易有答案。十多年前我曾撰寫關於「維港文化圈」的文章[5]，指出維港海岸線一公里範圍內，集中了香港最重要的文化設施，包括西九文化區。維港是都會的核心，加上海港景觀、海濱長廊及獨特的山脊線，當中必須有豐富的文化元素。大會堂在「維港文化圈」中仍有很重要的地位，將來怎樣令它的地位更突出？我覺得可以推動駐場藝術團體的模式，把最高檔次、職業化藝團的演出集中在文化中心及西九的場館，至於本地具水準的業餘藝團，安排在大會堂排

練及演出，讓大會堂的運作社區化，對地區文化活動帶來增潤作用，延續多年來把文化帶入社區的精神。

業餘藝團的成員滿腔熱誠，可以讓他們在大會堂，以及上環、西灣河文娛中心持續演出，如每年兩次。建立恆常模式是重要的，像當年大會堂支持校協的演出，楊經理習慣撥出九月中一個周末給我們公演，我們暑假期間前來排戲，九月開課後有兩星期促銷門票，然後公演，發展出一個模式。事實上，大會堂已非唯一的表演場地，部分設施亦顯得老舊，但以話劇論，如非大搞花巧舞台設計，在這兒演出是很合適的，何況它還擁有體面的大堂。港島北岸人口最密集地區有上環、大會堂、西灣河這三個場地，服務約 120 萬人口。

大會堂依然是一個地標，未來它把中環核心商區，以及中環新海濱連接起來，有很大的運用空間。從維港文化圈、港島北岸、中環核心這三個層面，大會堂在可見將來依然具備重要性，結合文娛設施進入社區的策略，與地區關係更緊密，將有更多發展可能，所以我不太擔心它會失去了地位。

維港文化圈

香港文化中心

香港藝術館

戲曲中心

M+ 博物館

（以上四張相片由香港教育教學圖書館提供）

1　位於窩打老道 84 號冠華園的九龍公共圖書館，1965 年
　　8 月 16 日啟用，是本地第二所公共圖書館。

2　著名劇場工作者，與凌嘉勤是同窗、劇藝夥伴及畢生摯
　　友，2022 年 6 月辭世。

3　校協戲劇社是由多間中學組成的聯校戲劇團體，1968 年
　　成立。1974 年凌嘉勤任主席，在校協六周年特刊撰文提
　　及，當時有 28 間會員學校和千多名會員。

4　「中環新海濱 3 號用地綜合發展區」項目預計分兩期，於
　　2027 及 2034 年落成。

5　〈塑造香港文化城市的品牌 —— 維多利亞港文化圈〉，
　　原載內地期刊《城市導刊》（2008 年 1 月）。文章摘要
　　謂：「在維港兩岸一公里範圍內，其實匯聚了很多香港主
　　要的文化設施，如果把這些文化設施連以一線，我們便
　　可見到環繞維港兩岸的一個文化圈……提出『維多利亞
　　港文化圈』的概念，並倡議運用這個概念來塑造香港文
　　化創意城市的品牌，在文化創意產業的全球地圖上，加
　　上維多利亞港文化圈這個標誌，並使之成為一個亮點。」
　　內文指文化圈的形成，可說始於 1952 年公務局在當時
　　中環新填海區建設大會堂的方案：「大會堂被稱為香港文
　　化活動的搖籃。自建成後它一直是香港的核心文化活動
　　場地」。文化圈包含維港兩岸多個演藝場地、藝術館，
　　以至牛棚藝術村，還有西九文化區。

「從維港文化圈、港島北岸、中環核心這三個層面，大會堂在可見將來依然具備重要性，結合文娛設施進入社區的策略，與地區關係更緊密，將有更多發展可能，所以我不太擔心它會失去了地位。」

——凌嘉勤

大會堂的
港式優雅

　　曾幾何時，香港大會堂是家庭樂的出遊地，父母牽起孩子們的手，來到大會堂前，在紀念花園拍照，在樹下留下一圈圈的幸福時光。

　　孩子日漸長大，大會堂搖身一變，不僅僅發揮佈景板的角色，這裏成為培養文化藝術修養的舞台，無論是觀者還是演出者，音樂廳有一流的聲學效果，劇院也是話劇大師長久駐紮之地，一樓展覽廳時常展出藝術畫作。當這邊廂奏起悠揚樂曲時，大會堂高座婚姻註冊處門前高舉相機，將一對對幸福靈魂攝入鏡頭，以見證人生里程碑的跨越。而安安靜靜的大會堂圖書館，以俯瞰式的角度，將知識與維港風景，一一收攏於眼底。這份港式優雅，是屬於全港市民的。

大會堂，可以是度過童年時光、
青春歲月以至於見證婚姻的人生
歷程之地。

（相片由 Catherine Lai 提供）

小時候來大會堂遊玩,拍下了開心的
照片。長大後在大會堂註冊結婚,不
朽的是建築與人情。

(相片由 Raymond Lo 提供)

相片喚起作家董啟章小時候一家出遊大
會堂的記憶，那時候歲月很年輕。活潑
的弟弟不時站在董啟章身旁，孩童二人
雙雙留影。

（相片由董啟章提供）

疼惜兩位兒子的董父，擁抱着一大一
小的兒子，在大會堂留下快樂的身影。

（相片由董啟章提供）

從前想起大會堂，除了紀念花園，還
有皇后碼頭、天星碼頭的記憶⋯⋯
於是，一家大小的留影，便會從大會
堂延伸至碼頭。

（相片由 Fanny Law 提供）

曾經多少孩子在這款細綠磚塊拼砌而成
的石凳，留下過快樂的童年剪影。

(相片由 Rose Lee 提供)

大會堂也是個人成長歷程的見證。

(相片由 Sheree Ma 提供)

從前悠悠的歲月，大會堂是
快樂成長的一抹佈景板。
（相片由 Eliza Choi 提供）

談戀愛的年代，大會堂、皇后
像廣場就是昔日的流連之地，
歲月匆匆，也留下了不少佳偶
年輕的倩影。
（相片由莊閃輝提供）

人生重要的婚禮現場，大會堂聚集了
無數佳偶，成全了段段婚姻。

（相片由 Chou Wing Ping 提供）

大會堂紀念花園，是新人留下無數
幸福時光的背景。

（相片由 Lee Wai Ling 提供）

歌唱家費明儀在大會堂演唱，
當時伴奏是屠月仙。

(相片由大會堂提供)

大會堂是孕育文化藝術音樂的地方，2013 年香港大
會堂劇院首演《疾風勁草》（Vigorous Winds & Tough
Strings），以音樂與詩歌互相交匯的跨媒介方式呈現，
作家洛楓、陳智德曾參與其中。

（相片由洛楓提供）

大會堂的場地合作伙伴之一是小交響樂
團，作曲家盧定彰由小交響樂團委約製
作《秋色若舞》（2019）及《夢憶之城》
（2014），在香港大會堂音樂廳演出。

（相片由盧定彰提供）

1986 年「享利摩爾的藝術」展覽，母與
子的銅像，曾現身於大會堂紀念花園，
詩人飲江為此寫了一首詩作〈母與子〉。
（相片由飲江提供）

紀念花園由玻璃和磚塊相間的牆身設
計，是當年廣受歡迎的拍攝背景。一對
母與子，衣著隆重地在大會堂留影。
（相片由 Philip Chu 提供）

2022 年 6 月，畫家廖永雄（Danny）受邀在
香港大會堂展覽館舉辦水墨個展《一糸白水》
（On-Line），以一根根似有若無的線，探索
疫情時代人與人之間的關係。時間倒帶至
2008 年，Danny 第一場畢業聯展也在大會堂
舉行，一晃已十多年。

（相片由 Danny Liu 提供）

大會堂高座的樓梯設計簡約典雅，
窗外視野寬闊，一瞥即可欣賞維港
的優雅。
（相片由 Chauyin Yip 提供）

駐足，

2022年
時光再現

Dynamics
Cultural
60 Years of

推動文化
六十年

606060.hk

香港大會堂
HONG KONG CITY HALL

香港藝術館
HONG KONG MUSEUM OF ART

香港公共圖書館
HONG KONG PUBLIC LIBRARIES

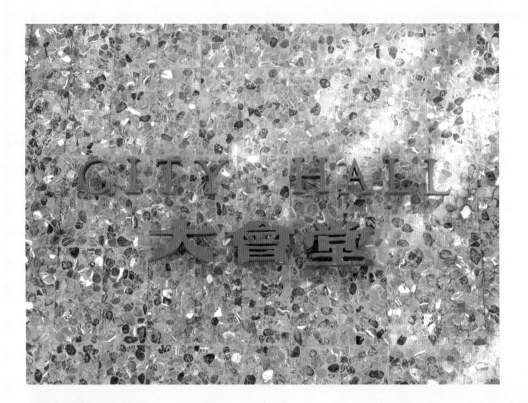

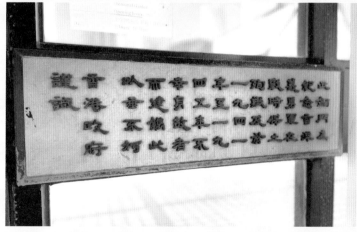

駐足，2022年時光再現

Maxim's Cafe 位於低座一樓，室內裝潢典雅，
帶有五、六十年代的韻味。不過經歷幾年疫情，
現已暫時停業。

低座一樓的展覽廳空間，

多年來容納了無限的藝術想像。

舊物書店，

包含了陶瓷、雕塑、佛像、黑膠、古籍……

充滿寶藏和記憶。

大會堂低座二樓的美心皇宮，

經常讓新人在此大排筵席。

自 1979 年起，屹立於此數十載。

駐足，2022年時光再現

鳴謝

（排名不分先後）

中國郵學會	Ms. Barbara Fei
方雅雯女士	Ms. Catherine Lai
王無邪先生	Mr. Chou Wing Ping
朱淑美女士	Ms. Eliza Choi
李美玲女士	Ms. Fanny Law
非凡美樂	Ms. Lee Wai Ling
洛楓女士	Ms. Lee Wing Chong Rose
香港大會堂	Mr. Philip Chu
香港教育大學圖書館	Mr. Raymond Lo
凌嘉勤先生	Ms. Sheree Ma
高添強先生	Mr. Thomas Wong
張秉權先生	
莊閃輝女士	
陳達文先生	
飲江先生	
馮永基先生	
楊芷蘭女士	
董啟章先生	
廖永雄先生	
鄭學仁先生	
盧定彰先生	
盧景文先生	
鍾詠欣女士	
羅卡先生	
羅詠雯女士	

市民的大會堂

延亮六十年微光

呂大樂 **主編**

黃夏柏 **記錄**

責任編輯	葉秋弦
裝幀設計	簡雋盈
排　　版	簡雋盈
印　　務	林佳年

出版

中華書局（香港）有限公司

香港北角英皇道 499 號北角工業大廈 1 樓 B

電話：（852）2137 2338

傳真：（852）2713 8202

電子郵件：info@chunghwabook.com.hk

網址：http://www.chunghwabook.com.hk

發行

香港聯合書刊物流有限公司

香港新界荃灣德士古道 220 - 248 號

荃灣工業中心 16 樓

電話：（852）2150 2100

傳真：（852）2407 3062

電子郵件：info@suplogistics.com.hk

印刷

美雅印刷製本有限公司

香港觀塘榮業街 6 號海濱工業大廈 4 樓 A 室

版次

2022 年 12 月初版

©2022 中華書局（香港）有限公司

規格

16 開（230mm x 170mm）

ISBN

978-988-8808-82-3